한국 액션영화

차례

C o n t e n t s

03 60년대 말 70년대 초의 한국 액션영화 06 협객! 김효천 감독
19 악인이여 지옥행 급행열차를 타라! 페이소스 가득한 서민들의
친구, 박노식 감독 30 배신자를 향해 작렬하는 분노의 왼발, 이두
용 감독 41 한국영화에 웨스턴이?! 무국적 액션 하이브리드의 초
절정 만주 웨스턴, 쇠사슬을 끊어라! 55 이소룡과 다정했던 한때.
무국적 불량 액션의 시대 66 실망만 안겨 주고 떠난 서울서 온 사
나이들(The Man From Seoul) 78 나는 왜 그렇게 장철 영화를 좋아
하나. 장철교 신자의 신앙고백 90 내가 이소룡을 좋아하면서도 싫
어하는 이유 93 적룡, 아킬레스의 뒤꿈치

60년대 말 70년대 초의 한국 액션영화

그때 그 시절을 아십니까? : 작렬하는 박노식의 '전라도 주먹'과 외다리 태권 황제 한용철의 '바캉스 슈퍼 액션'

60년대 말 70년대 초의 한국 액션영화라고 하면 독립군, 총칼, 카 체이스, 사내들, 피가 튀는 격투, 배신, 복수, 의리……. 이런 것들이 스크린을 누비는 영화들이어서 여성 관객들이나 점잖은 취향의 사람들은 어지간해서는 안 보는 그런 영화들이었다. 하지만 동네 꼬마들이야 어디 그런가? 당시로서는 수준이 그럴듯했던 왕우와 이소룡의 영화들 한 켠에 한국 액션영화가 있었는데 그런 영화들은 동네 극장에서 신정이나 구정, 추석, 크리스마스 특선 프로라는 간판을 걸고 우리들을 유혹했다. 번번이 실망을 하면서도 홍콩영화보다는 그런 한국영화들이 동네 아이들의 입에서 자주 오르내렸는데, 그중 제일 많이 우리 입에 올랐던 주인공이 바로 박노식이 연기했던 용팔이 시리즈였고, 재미교포 차리 셸이 나오는 외다리 시리즈였다. 용팔이는 동네 아이들이 전라도 사투리를 입에 달고 다니게 만들 만큼 인기였고, 한국 이름이 한용철인 차리 셸은 미군 부대 쓰레기장을 보물찾기하듯이 뒤적거리던 우리들을 미국에서 날아온 태권 스타라는 이유로 이상하게 한 수 접게 만들었다. 외팔이가 인기를 얻으니 그 비슷한 무엇을 해야겠고(일본과 중국에서는 장애자 검객이라는 것이 인기 있는 무협소설과 영화의 소재였던가 보다. 일본에서는 가쓰 신타로가 맹인 검객으로 나오던 「자도이치」 시리즈가 있었고, 홍콩에서는 왕우의 「외팔이」가 있었다), 그래서 나온 것이라 추측을 하는 외다리는 동네 아이들을 모두 찐따로 만들어 절뚝거리며 걷게 만들었다.

홍콩영화나 미국영화는 안 그런데 왜 한국영화는 화면이 마치 안개가 낀 것처럼, 아니면 초점이 안 맞는 것처럼 흐릿한지. 더욱 웃긴 것은 한국영화임에도 불구하고, 검객영화나 권격영화 모두가 중국 옷을 입고 중국식으로 싸우니, 아무리 어렸어도 중국 옷 입고 한국말로 떠드는 그런 영화들을 마냥 좋아할 수는 없어서 "왜 우린 저런 말도 안 되는 흉내만 내지?" 하며 뒤에서 구시렁댔지만, 정작 한복을 입고 싸우는 영화가 가뭄에 콩 나듯 나와도 역시, "저것도 뭔가 개운치 않아"하며 재미없어 했다.

그렇게 이런저런 불만이 가득하면서도 그런 한국영화를 찾았던 것은 애국주의자이기 때문이 아니라, 유치하지만 큰 소리로 웃을 수 있고 알아들을 수 있는 우리말로(가짜 우리말이 나오는 한홍 합작영화와는 다르다. 한홍 합작영화에서는 홍콩 배우가 우리말을 한다. 이건 가짜다) 대사를 했기 때문 아니었나 싶다. 하지만 더욱 중요한 것은 그 영화들에서 나는 냄새들이 바람만 불면 연탄가루가 날아오고, 새벽에는 기차 소리가 들리고, 문둥이가 동상 걸린 발을 질질 끌며 밥을 얻으러 돌아다니고, 간질환자가 이상한 소리를 내며 뛰어가고, 휴가 나온 군바리가 술에 취해 입에 거품을 물고 골목에 쓰러져 있고, 작부집 아들은 물총에 손님이 먹다 남긴 소주를 넣어서 장난을 치고, 술집 작부들이 노브라로 술집 앞에서 배드민턴을 치고, 주정뱅이들이 밤마다 고래고래 소리를 지르고, 담장에는 어젯밤 가난한 누군가의 집을 털었을 도둑놈의 똥이 한 사발 놓여 있었던 그런 결핍과 더러움의 세계에 가장 비슷한 모양새를 하고 있었기 때문이지 싶다.

　뭔가 모자라고 말도 안 되고 유치하지만 그 속에는 나의 유치하고 결핍된 바탕 같은 것과 일치하는 무엇이 있었다는 말이다.

협객! 김효천 감독

기상천외의 불온한 액션영화 : 깡패영화

60년대 말 70년대 초, 한국의 액션영화들 중 가장 대중적이었던(덜 불온하다는 뜻이다) 영화들 하면 신성일·최무룡 같은 미남 배우들이 007 제임스 본드와 비슷하게 여성편력을 하면서 일본 제국주의·남로당의 빨갱이들·조총련·남파 간첩들과 싸우는 첩보 스릴러물들이 가장 먼저 생각난다. 미남 배우들 앞에 김지미·윤정희·남정임 같은 미녀들이 악녀로, 순정파로 또는 제3의 비밀 첩보원으로 등장하여 일제 하의 상해를 무대로, 해방공간의 서울을 무대로 하던 첩보물들은, 뭐 온 가족이 함께 보러 가도 미녀 배우들의 야한 옷차림이 조금 껄끄럽지,

부담 없이 볼 수 있는 그런 영화들이었다. 그 다음 덜 불온한 것이 홍콩 무술영화의 모방물인 검객·태권도영화들, 그리고 웃을지는 모르지만 한국영화에도 서부극이 있었다는 사실을 아는가? 많지는 않았지만 이태리 마카로니 웨스턴(Macaroni Western)을 흉내 낸 영화들이었는데, 일제 하의 만주가 배경이고, 허리에 권총을 차고 말을 탄 주인공들이 마적과 일본 관동군, 무법자 총잡이들과 금을 찾아서 또는 독립을 위해 싸움을 하는 것이었다. 80년대 중반 8.15 특집 한국영화로 TV에서 방영되었던 이만희 감독의 제목을 알 수 없는 만주 웨스턴이 기억나는데 무국적이라 할 만하지만, 총이 나오는 영화를 만들려면 전쟁영화(전쟁영화들을 액션영화에 끼워 넣기에는 좀 망설여진다. 국가시책상 반공 전쟁영화들이 만들어졌는데, 같은 동족들끼리 서로 죽이는 내용이 주를 이루는지라, 영화들의 밑바탕에는 죄의식이 숨어 있어서 활력의 쾌감이 장점인 액션영화가 되기에는 정말 불편했다)이거나, 일제 시대를 배경으로 해야 그럴듯했으니 그런대로 머리를 짜낸 셈이다. 그리고 또 하나의 액션영화들이 있는데 이른바 깡패들이 주인공으로 나오는 영화들이다. 이런 영화들은 우선 미성년자 관람불가이고, 깡패들이 주인공이니 불온하고, 밑바닥 인생들만 나오니 건전하지는 않은 그런 영화들이었다. 사실 60년대 말 70년대 초 같은 태평성대에 깡패가 웬 말인가! 이런 영화들은 동네 조무래기들이나 건달들, 할 일 없는 사람들이 보는 영화였다. 그래도 이런 영화들이 많이 만들어졌으니 그 당시에 할 일 없는 사내들이 많았었나 보다. 이런 영화들은 불온스러움을 감추기 위해 공산당과 싸우거나 맨 마지막에는 범죄를 참회하는 내용으로 면죄부를 꼭 만들어야 했다. 70년대 초 버스 정류장의 신문 가판대에는 고우영이 그린 「수호지」와 「임꺽정」 그리고 「일간스포츠」가 인기리에 판매되었는데, 그와 나란히 인기를 끌었던 성인 만화들이 있었다. "나는 참회한다"로 시작되는 정치깡패 유지광의 회고록과 시라소니·김두한의 일대기를 담은 극화들이었다. 당연히 이런 종류의 이야기들은 검열의 제약 속에서도 독버섯처럼 영화로 만들어졌는데, 이런 깡패들을 다룬 영화들이 또 하나의 한국 액션영화들 중 한 부분을 차지했다. 지금은 용팔이란 이름이 전라도의 깡패 집단 중 하나이지만 70년대에는 '의리의 사나이'의 대명사쯤 되었던 때가 있었다. 이제 이야기할 감독이 바로 용팔이란 주인공을 탄생시킨 김효천 감독이다.

전국 뒷골목 영웅호걸들의 연합전선 : 팔도 사나이

군가로 많이 알려진 「팔도 사나이」란 노래가 있다. 노래가 먼저 만들어졌는지 영화 제목이 먼저인지는 모르겠지만, 1967년 「그래도 못 잊어」란 통속영화(당시에는 멜로드라마를 이렇게 불렀다)로 데뷔한 김효천 감독은 그 후 몇 편의 멜로영화를 만들고, 자신의 본령인 깡패영화 「팔도 사나이」를 만들게 된다. 당시 신성일·최무룡 같은 미남 배우들에 눌려 항상 악역으로만 나오던 장동휘·박노식·독고성·김희라 등이 그의 영화에서는 당당한 주역으로 나온다. 말하자면 비릿한 사내 냄새가 나는 잘생기지 않은 그런 얼굴들이 주인공으로 설친다는 이야기이다.

김효천 감독은 자신이 그 뒤로도 계속 되씹어 이야기하는 김두한이라는 주인공을 여기서 처음으로 등장시킨다. 무슨 이유에선지 김두한이라는 실명을 쓰지 않고, 장동휘가 김두한이라 추정되는 주인공 역을 하는데 당시 나 같은 꼬마들은 주인공 장동휘보다 전라도에서 올라온 촌놈 용팔이 박노식에게 미쳐버렸다. 싸움에서 만큼은 지금껏 져 본 적이 없는 이 전라도 촌놈 용팔이는 서울로 올라와 서울서 제일 센 놈이 누구냐며 종로와 명동을 휘젓고 다니다 숙명적으로 장동휘와의 일전을 치른다. 한 방에 피떡이 되어 나가떨어진 용팔이, 무릎을 꿇고 장동휘를 형님으로 모시겠다며 읍소하자 장동휘는 껄껄 웃으며 "좋은 동생이 생겼구나"하며 두 손을 맞잡아 그를 거둔다. 장동휘는 종로가 일본인 깡패들에게 점령당한 것에 격분, 깡패 동지들을 모아 일본인들을 종로에서 몰아내기로 하고 조선 팔도의 사나이들을 찾아 나서는데, 인천으로 날아가 인천 짠물이 별명인 번개와 연안부두가 내려다보이는 인천 자유공원 정상에서 한판 겨뤄 그를 거둬들이고, 계속해서 주먹질로 겨루기를 하여 평양 박치기·부산 갈매기·충청도 멍청이 등등 팔도 사나이들을 규합한다. 아하! 그렇구나. 이건 수호지의 세계이구나. 홍태위가 복마지전에 봉인된 청석판을 열어 그 속에서 108명의 마귀가 튀어나오고, 송강 밑으로 108명의 호걸들이 모여들 듯 장동휘 밑으로 팔도의 사나이들이 모여든다. 수호지의 세계이고, 구로자와 아끼라의 「7인의 사무라이」의 세계이고, 남자들만 나오는 영화들의 원형질이 바로 이런 곳에 있는 것 아닌가(이들이 벌이는 싸움은 서로 친구가 되기 위해 땀과 피를 흘려서 섞어보자는 그런 것이다. 이들의 싸움 방식은 홍콩 무협물의 화려한 무술이 아니라 땀과 입김이 서로의 얼굴을 핥아내는 그런 막싸움의 방식이다).

팔도 사나이 이후로 김효천 감독은 이런 종류의 깡패들이 주인공인 영화들을 만들어 간다. 그의 영화들에서 항상 단골로 출연하는 장동휘·박노식·김희라·독고성·오지명 등은 뒷골목의 세계에서 의리를 맹세하고 배신당하고 복수를 한다. 이런 종류의 영화들은 누구에게도 취급을 받지 못했지만 동네 꼬마들과 당구장에서 죽 때리는 한심한 백수들은 이들을 보기 위해 부지런히 극장을 찾았다. 이와 비슷한 시기에 나온 임권택 감독·이만희 감독·이원세 감독의 액션물들과 김효천 감독의 액션물은 냄새가 분명히 달랐다. 이만희 감독의 액션물은 영화적인 복선을 넣으려는 시도와, 프랑스 범죄영화에 영향 받은 흔적이 곳곳에서 읽히고, 이원세 감독의 「석양에 떠나라」에서는 1972년 당시 근대화 과정 속에서 떡고물을 얻어먹으려는 깡패들의 이야기가 묘사되어 제법 진지한 느낌이 들지만, 김효천 감독의 냄새는 언제나 그 시절 종로와 명동 깡패들의 의리와 사나이들의 멋에 대해 지나칠 정도로 과잉 애정이 엿보이고, 날 것 같은 활력이 넘쳐서 잔혹하고 비릿하다는 것이다.

의리에 죽고 대의에 목숨을 거는 한국 깡패영화의 자존심 : 김두한 시리즈와「오사까의 외로운 별」

1974년「실록 김두한」이란 제목의 영화가 나온다. 1967년에 실명으로 등장하지 못한 김두한이 이대근의 연기로 다시 만들어진다. 이 영화에서 김효천 감독의 김두한 숭배는 너무나 노골적이다. 그를 독립투사·반공투사로 추앙하며 그의 무덤과 묘비에서부터 영화를 시작한다. 추모의 마음으로(김두한 시리즈 2편「협객 김두한」의 첫 장면에서는 영화를 '김두한의 영전에 바친다'라고까지 하니 할 말이 없다).

김두한 시리즈는 팔도 사나이 시리즈가 제 살 깎아먹듯 나온 것처럼 내가 본 것만 6편이나 된다. 그리고 박노식이 용팔이가 된 것처럼 이대근은「뽕」이전까지는 이런 깡패영화의 단골로 굳어져버린다. 김효천은 김두한 시리즈 2편「협객 김두한」을 끝으로 김두한 시리즈의 아귀다툼에서 벗어나, 저 김희라의 넓직한 등판에 복수와 죽음을 앞둔 결의의 문신이 새겨지는「오사까의 외로운 별」을 만든다. 내가 고등학생이었을 때 이 영화를 봤는데 동네에서 앞가르마를 타고 노란색 V자 셔츠를 입고 뒷주머니에 도끼빗을 꽂고 다니던 놈들은 거의 다 극장에 모여, 김희라의 등에 꽃 문신이 새겨질 때 숨을 죽이다 사레들려 기침을 하고, 박근형의 죽음 앞에서 감동의 눈물을 철철 흘렸던 것이다. 하하하! (「영웅본색」의 주윤발의 죽음을 생각하면 된다. 자신을 양아치 화가라고 생각하는 후배 왈 "홍콩에 「영웅본색」이 있다면 우리에게는 「오사까의 외로운 별」이 있고, 미국에 「대부」가 있다면, 우리에게는 씨팔! 「일본 대부」가 있다!") 재일 한국인 깡패 김희라는 자신이 모시던 조직의 퇴락한 두목 박근형을 배반한 조총련 집단 및 야쿠자들과 일전을 치르기 위해 등에 문신을 새기고 단신의 몸으로 죽음을 각오하고 적의 소굴을 향해 나아간다. 비장한 음악이 나오고 적들의 숫자는 어마어마하다. 그때, 폐병으로 피를 토하는 두목 박근형이 그의 앞을 가로 막으며 김희라가 가는 죽음의 길에 동반을 자청한다. 그리고 두 사나이는 서로의 의리에 대해 미소를 지으면서 적들의 소굴을 향해 나아간다(언제나 남자들의 영화에는 이런 장면이 관객들을 사로잡는 요소이다. 하지만 의리를 지키기 위한 죽음이라는 남자의 로망은 멜로 영화 속의 신데렐라 꿈꾸기와 함께 영원한 비웃음과 조롱거리가 아닌가?).

이제 의혈 협객의 천운은 다했는가! : 80년대 쇠퇴기의 김효천 영화들

김두한 시리즈까지는 흥행의 최전선을 달렸던 김효천 감독이지만 달도 차면 기우는지, 80년대 초반에 이르러 쇠퇴의 기미를 보이기 시작하는데, 남자 영화이지만 남자 주인공들보다 조역이었던 여자들이 더 쟁쟁하던(장미희와 원미경이 나오는) 「김두한형 시라소니형」에서 그 기미가 드러난다. 평양 박치기의 달인 시라소니가 자신의 원수 집 앞에 가서 끓어오르는 분을 참지 못하고, 원수의 대문 기둥에 달린 문패를 향하여 박치기를 날린다(시라소니의 박치기는 전설적인 것이어서 6미터를 날아 상대방의 미간에 박치기를 꽂아 넣어 전치 20주 이상의 위력을 발휘했다는 전설이 있다. 믿거나 말거나). 시라소니의 박치기가 대문 기둥의 문패에 정확히 꽂히는 순간! 바위가 갈라지는 우뢰와 같은 소리가 천지를 진동하며 문패는 물론이고 대문의 기둥까지(비록 스티로폼에 색칠한 것이 탄로가 나지만) 산산조각이 난다. 야사에 전하는 바에 의하면 시라소니와 김두한이 그리 친하지는 않았던 것 같지만, 영화에서는 조국광복을 위해 의연히 두 손을 맞잡고 일본 사무라이들을 격퇴한다. 김효천 특유의 비장함과 활력이 사라지고 코미디인지 액션인지 분간이 안 가는 이 영화는 당연히 실패했다. 그 후「종로 부루스」라는「팔도 사나이」의 의미 없는 복제품을 만들어 별다른 재미를 못 보고 나서, 그는 옛 종로와 명동의 깡패 이야기에서 떠나서 일본 야쿠자들이 나오는 영화를(이런 영화를 검열에 통과시키기 위해서—물론 그가 철저한 반공주의자일 수도 있고, 당시의 인기 라디오 연속극인 '법정야화'류의 간첩물들과 연관이 있었는지도 모르지만—꼭 조총련을 악역으로 등장시키거나 간첩을 등장시키고) '일본 올 로케'(올 로케이션, 이 말은 70년대 말까지만 해도 순진한 관객들을 극장으로 몰아넣었다. 왜냐고? 80년대 중반까지 해외여행은 아무나 하는 것이 아니었으니 비행기를 타 본 사람이 몇 명이며, 더구나 외국엘 나간다면 무슨 고급관리이거나 그 유명한 나는 새도 떨어뜨릴 무역 회사의 직원이 아니면 안되었던 그런 시대였으니까)라는 방법까지 쓰면서 홍행의 재기를 노렸지만, 생각해 보라「인디아나 존스」와「이티」와「죠스」가 걸려 있는 극장 앞에서 우리가 주저할 이유가 무엇인가. 깡패들이 설치는 조잡한 영화를 누가 보겠는가?「인디아나 존스」와 함께 즐거운 시간을 보내지. 깡패들이 설치는 조잡한 영화들의 적수가「인디아나 존스」인 시대가 온 것이다. 아, 슬프다.

80년대에 들어서면서 한국 액션영화는 홍콩 무술영화를 조잡하게 흉내 내기에만 급급하여 할리우드영화와는 비교할 수 없는 엄청난 격차가 벌어지게 되었다. 그동안 한국영화를 보아 주던 관객들이 나이가 들어 먹고 살기에 정신이 없어지면서 점점 극장가를 떠났고, 코흘리개들이 나이를 먹어 새로운 세대로 등장하면서 불균질하고 '불량식품스러운' 한국 액션영화들을 점점 외면하고 이장호·배창호 같은 새로운 감독들의 영화에 눈을 돌리게 되었다. 60년대와 70년대의 감독들은 새로운 관객들과의 소통에서 실패를 하고 극장가에서 사라지게 되었다는 이야기이다.

점점 관객의 수가 적어지던 김효천 감독은 그와 행로가 비슷하던 액션영화 감독 이두용이 시대의 변화에 발맞춰 전영록을 주연으로 새로운 액션의 태권영화「돌아이」를 만든 것과 비슷한 시점에서 장안의 지가(紙價)를 올린 김홍신의 베스트셀러『인간시장』을 가지고 홍행 대열에 도전한다.「돌아이」는 당시 새로워진 미국의 흥행 영화 대열을 따라 잡으려 다섯 명의 미녀들과 당시 인기 절정의 가수 전영록을 등장시키고 승용차를 세 대 이상이나 부숴버리고 ─ 부서지는 차들은 앞 장면의 깨끗한 브리사와는 다른 폐차된 코티나인 것이 들통나기는 했지만, 그래도 우와! 세 대 이상이라니! ─ 디스코와 록 음악이 전면에 나선 젊은 층을 겨냥한 영화였고 흥행에 상당히 성공을 했었다). 전영록에 대항할 청춘스타 진유영과 떠오르던 샛별 원미경을 기용해 만들었지만 시리즈로 계속 나온 원작소설에 사람들이 식상해가듯이 이 영화의 거듭된 속편을 관객들은 외면한다. 김효천 감독은 이두용 감독의 「피막」 「여인 잔혹사 물레야 물레야」 같은 진지한 영화들이 해외영화제에서 호평을 얻자 이에 분발을 했는지 해외영화제를 겨냥한 「사약」이라는 사극을 손댄다. 하지만 김효천 감독은 이제 내리막길이었는지, 이렇다 할 재미를 못 보고 그 후 몇 년의 동면 끝에 그의 '스완송(swan song)'이라 할 영화를 만드는데 그것이 바로 「일본 대부」이다.

김희라의 대를 잇는 선이 굵은 남자 배우들을 모색했던가(그의 영화에는 선이 굵은 남자 배우들이 많이 등장했는데 초기에는 박노식과 장동휘, 그 이후로는 김희라와 이대근, 후기에는 지금 한창 날리는 유동근의 젊은 시절을 볼 수 있는 영화도 있다). 윤승원이란 배우를 찾아내어 아마도 일본 야쿠자의 한국인 두목의 실화를 바탕으로 만든 것 같은, 철저히 코폴라의 「대부」를 의식해서 만든 것이 분명한 「일본 대부」를 만들고 그의 영화 인생은 막을 내린다.

「일본 대부」는 김효천 감독의 야심작이었음이 틀림없다. 여기서도 그의 김두한 숭배와 비슷하게 재일 조선인 야쿠자 두목에 대한 과잉 숭배가 드러난다. 그 과잉 숭배가 장점이긴 하지만, 70년대 초의 '땀'비린내 나는 맛깔스러운 성격 배우들, 장동휘·박노식·허장강·오지명·독고성 같은 배우들이 영화를 떠나면서 주인공 윤승원 이외에는 이렇다 할 연기가 안 되는 그런 배우들로 영화를 꾸려야 했다는 아쉬움을 가진 이 영화는 그가 60년대 말에 만들었던 깡패영화의 순진함도 없고 「오사카의 외로운 별」에서 보여준 비장함도 사라지고, 꼴불견이고 식상한 "형님!"하는 깡패들의 어깨 힘만 가득하다.

남근주의와 극우 이데올로기 : 그리고 밑바닥 인생의 거친 정서가 만들어내는 불균질의 세계

영화를 만든다는 것은 어떤 입장을 표명하는 것이다. 아무리 시대가 검열과 흥행이라는 압박을 가해도 감독은 영화를 통해 자신의 입장을 드러내는 것일 터인데, 김효천 감독의 입장은 무엇이었을까? 그의 영화들에서 악역으로 등장하는 조총련과 간첩들은 피도 눈물도 없던 냉전 시대였으니 그렇다 치고, 영화의 라스트에 꼭 등장하는 깡패들의 개과천선도 그 혹심한 검열의 틈바구니에서 영화를 만들기 위해서였다면 또 그렇다 치고, 그 맹목적인 깡패 숭배는 도대체 무엇인가?

사실 그의 영화들을 지금 본다면 깡패들이 자신들의 이야기를 자기들 자본으로 만들었던, 파쇼적인 영웅주의 깡패영화들의 원조가 아닐까 하는 생각이 든다. 여자들이 끼어들 여지가 없는 사나이들의 의협의 세계에 대한 순진하고 맹목적인 찬양은 그와 비슷한 시기에 일본에서 만들어진 후카사쿠 긴지의 인협영화들과 비교하면, 폭력과 사회에 대한 성찰이라고는 눈곱만치도 없고, 사람에 대한 천편일률적인 묘사가 넌더리나서, 유치한 코미디를 보는 것처럼 깔깔거리면서 볼 수밖에는 없다.

그럼에도 불구하고 김효천 감독의 영화들을 관통하는 하나의 느낌이 있다. 밑바닥 사내들의 야비함과 비겁함(주로 주인공의 적에게서 보이는) 그리고 그들의 이상향인 수호지적인 의협, 이런 것에 대한 과잉 애정이 너무나 지나쳐 오히려 그것이 장점이 되어버린 과잉의 영화. 그것이 김효천의 영화가 아닐까 하는 생각이 든다. 사실 그렇다. 노골적인 빨갱이 혐오가 들어 있는 그의 영화를 보면서 '허클베리 핀'을 생각한다. 아니 「첩혈쌍웅」이 더 쉽다. 의리를 내세우는 그의 영화에 '핀'과 '검둥이 짐' 같은 감동적인 결말이나, 주윤발과 이수현의 화해와 사랑 같은 것이 왜 끼어들지 못하는지. 박노식과 오지명은 그렇게 친한 사이였는데, 왜 그렇게 서로를 용서하지 못하고 죽여야 하는지. 왜? 하지만 아는 사람은 안다. 여기가 어디였고 어디인지를. 그 꽉 막힌 혐오와 증오가 왜 우리의 바탕인지를. 그의 영화를 보며 우린 그 시대의 오줌 찌린내 고약한 우리 동네의 뒷골목을 생각할 수밖에 없는 것이다.

그 암담하던 80년대 초에 충무로에서 촬영조수로 일을 했었던 형이 옛날에 동네 꼬마였던 코흘리개가 영화 감독이 되겠다고 나타나자 술을 사 주며 충무로 야사를 들려주었다. 말도 안 되게 힘든 일들과 황당한 이야기 중에서 어떤 멋진 감독에 대한 이야기가 나오자 나는 맞장구를 쳤고, 형은 신이 나서 그 감독의 무용담들을 들려주었는데 그 주인공이 바로 김효천 감독이다. 영화 감독으로서 아주 특이한 무용담. 부산의 깡패들이 큰 형님으로 모셨다는 전설부터 시작하여 일본 야쿠자 두목의 애인과 자객에 관련된 확인이 안 된 여러 가지 신화들. 그 많은 전설의 틈새에서 보이는 냄새들은 김효천 감독의 영화들은 의협을 줄기차게 이야기하고 싶었던 것이었고, 그 자신이 감독 이전에 협객이고픈 그런 사내였구나 하는 생각을 들게 했다. 어리고 약자인 스텝들이 어떤 부당함에 대해 무릎을 꿇고 읍소를 하면 그 자리에서 당장 원 펀치로 문제 해결을 해주었던, 기꺼이 사나이로서 존경할 수 있었던 그런 사나이 말이다.

악인이여 지옥행 급행열차를 타라! 페이소스 가득한 서민들의 친구, 박노식 감독

중딩 얄개들, 고단한 일상을 잊기 위해 허름한 극장가를 기웃거리다

소매가 닳은 회색 내복을 입고 따뜻한 아랫목에서 뒹굴뒹굴, 육백만불의 사나이와 즐거운 한때를 보냈던 중학교 1학년의 겨울방학이 끝나고 지옥 같은 학교에 등교하던 날, 약한 애들 괴롭히는 덩치 큰 놈들만 기가 막히게 골라 놓은 지도부 애들과 일본 고등계 형사 같은 지도부 선생의 살벌한 서슬이 서린 교문 앞을 토끼 가슴으로 통과하면서 나 같은 조무래기들은 어떻게 하면 봄방학까지 이 지옥에서 무사히 시간을 죽일까 잔머리를 굴렸다. 교실에 들어선 순간, 개학날의 공포에 맞서 싸우는 아이들의 히스테리가 아직 녹지 않은 유리창을 뒤흔들고 있었다(불쌍한 것들). 공부 잘하는 몇몇과 노는 애들을 제외한 조무래기들은 앞으로 다가올 시험과 매 시간마다 홍콩 무협영화를 방불케 하는 구타의 공포를 잊으려 필사적인 잔머리를 굴려, 방학 기간에 보았던 「고교알개」를 떠올리며 억지로 겨울방학 그 행복했던 한때에 고착되어 공포의 현실을 도피하려고 애를 썼던 것이다. 하지만 「고교알개」의 약발도 잠시 후 조례와 함께 시작된 담임선생의, 30년이 지난 지금 생각해도 메스꺼운 설교로 그 효력을 잃고 우리는 더욱 센 약발을 찾아 헤매었으니. 고추가 단지 담벼락에 오줌을 누기 위해서만 있는 것이 아니란 것을 어렴풋이 알아갈 무렵, 거뭇거뭇 솟아오르는 코밑의 수염만큼이나 이성에 대한 호기심이 충만하던 우리 조무래기들은 당시에 어떤 비밀스런 스캔들에 연루되어 더욱 유명해진 양정화나 서미경이 출연을 한 「성숙」 「밤에 뜨는 태양」 「첫경험」 따위의 미성년자 관람 절대 불가 영화들을 고개를 숙이고 얼굴을 가린 채, 눈을 쉴 새 없이 굴리며 영화관 최대의 숙적 학생 지도부 선생과 화장실에 기생하는 양아치들을 피해 하루하루를 사선을 넘나들 듯이 보고 온 이력을 훈장처럼 지껄였으나, 독일 병정처럼 하얀 얼굴의 수학선생 앞에서 약발은 날아가고 우리는 심한 금단증세를 느끼며 또 다른 약발을 원했으니, 그것이 바로 학교 앞 남대문 극장에서 상영하는 용팔이 박노식의 감독·주연작 「악인이여 지옥행 급행열차를 타라」였다.

콧수염 기른 용팔이 또는 우리들의 '찰스 브론슨' 박노식

며칠 후 극장에 가기로 한 조무래기들은 머릿속에 박노식을 가득 넣고, 선생이 패면 맞고, 큰 애들이 괴롭혀도 오로지 며칠 후에 보게 될 검은 선글라스를 쓴 박노식의 멋있는 모습을 떠올리며 시간을 죽였던 것이다. 찰스 브론슨이 '맨담'이란 화장품 광고에 출연하자, 우리의 박노식은 콧수염을 기르고 지금은 어른이 된 아들에게 "개구쟁이라도 좋다. 튼튼하게만 자라다오"하며 브론슨의 흉내를 내는 우유광고에 나와 우리에게도 브론슨에 필적하는 박노식이 있다는 자부심을 안겨 주었다(당시 아시아의 거의 모든 나라에서는 찰스 브론슨의 자국 버전들이 있었다. 일본에도, 한국에도, 태국에도, 못 믿겠거든 확인해 보라). 돈 많이 들인 외국의 액션영화들이 가뭄에 콩 나듯이 상영되던 시절, 유일한 한국 액션영화의 대안인 박노식의 총과 복수·의리·눈에 힘주고 허장강 째려보기 그리고 말로만 듣던 고급차들 한 방에 부수기 등등. "그는 우리를 실망시키지 않을 것이다"는 부푼 가슴을 안고, 까까머리 위에 털모자를 눌러쓰고 두 눈을 굴리며 시장통의 양아치들이 진 치고 있기로 유명한, 그 극장에서 시계를 빼앗겼다느니 내복에 빤스까지 벗겨 가고 죽도록 때렸다느니 하는 무서운 전설의 남대문 극장 안으로 불나방처럼 향하였던 것이다.

영화를 보고난 후 우리의 결론은 "뭐야 저거! 어떻게 장님이 눈을 깜빡거려!" 우리는 검은 선글라스를 쓴 장님 킬러. 박노식이 검은 선글라스 뒤에서 눈을 깜빡거렸다는 이유 하나로 실망을 하고(사실은 장님들도 눈을 깜빡거린다. 영화에서 장님 박노식은 분노의 표현으로 눈을 깜빡였지만 멍청한 우리 조무래기들은 삐져서 트집 잡기에 여념이 없었다), 용팔이를 사랑하던 시절과 바이바이를 했던 것이다. 다시는 박노식의 영화를 안 본다면서. 안타깝게도 나는 박노식을 배신했던 것이다. 그새 대가리가 좀 컸다고 「육백만불의 사나이」와 「전투」의 손더슨 중사에게로 떠나가버린 것이다.

가난한 자들의 듬직한 친구, 이름없는 서민들의 영웅 「속 팔도 사나이」의 용팔이

그리고 세월은 흘러 케이블 방송에서 1969년에 만들어진 「속 팔도 사나이」를 보게 되었다. 김효천 감독의 「팔도사나이」가 인기를 끌면서 주인공이 아닌 조연급 캐릭터였던 용팔이가 주인공 캐릭터로 격상되어 속편이 만들어진 것이다. 지금도 그렇지만 전편의 조연급 캐릭터가 주연을 누르고 주인공이 되어 영화가 만들어지는 경우는 그리 흔한 것은 아니다. 장안의 꼬마들이 전부 용팔이의 전라도 사투리를 흉내 내는 인기와 힘들고 못사는 사람들에게 용팔이라는 캐릭터는 묘하게 친근감을 불러일으켰기 때문이 아닐까 생각한다. 경인선 전철을 타고 부평과 서울을 오갈 때의 일이었다. 숨쉬기조차 힘든 밤 11시 만원 전철 안에는 술 먹고 집으로 돌아가는 사람들이 많았는데, 그 혼잡한 와중에 거짓말 같지만 하루도 안 빠지고 꼭 싸움이 일어났다. 먼저 1라운드는 주로 큰소리를 치는 비겁한 허풍쟁이들의 말싸움이었는데 소리 지르고 욕지거리를 하는 남자들은 언제나 혼잡한 신도림역에서 몇 정거장 안 되는 개봉역에서 내리거나 오류역에서 내리는 자들이었다. 그들이 비겁하게 "그래! 난 티코 살 돈이 없어서 이 더러운 전철 탄다"며 욕을 난발하다가 내리고 나면 한동안은 조용해지는데, 이제 남은 인천 사람들끼리는 꾹 참고 있다가 사람들이 많이 내린 부평역 근처에서 분노가 폭발하여 싸움을 하는데 그들은 욕을 하지 않고 직접 몸을 부딪쳐 해결을 본다. 피가 낭자하고 여자들이 비명을 지르고, 이 때에 노동판에서 잔뼈가 굵었을 성 싶은 40대가 나서서 싸우는 자들을 뜯어말린다. 그의 위압적 풍모는 싸움깨나 한다고 거들먹거리며 말리는 그런 스타일이 아니라 "왜 불쌍한 우리들끼리 싸워야 하냐"는 듯한 호소력을 지녔다. 낮에 묻힌 시멘트 먼지내가 아직 남아 있는 그 멋있는 사내를 보면서 난 용팔이를 생각했다. 「속 팔도 사나이」에서 용팔이는 사과 두 상자를 지게에 지고 동대문 시장에서 69년 당시의 서강대학교 교수에게 배달을 하러 떠난다. 지금처럼 택배가 있는 것도 아니어서 튼튼한 두 다리 하나를 밑천으로 종로를 지나, 아현동 고개를 땀을 뻘뻘 흘리며 넘어서 이대 입구를 거쳐 서강대 앞에 도착한다. 그런데 수위 왈, "교수님은 퇴근하셨는데요" 용팔이 "어쩌카면 쓸까 잉. 그럼 교수님 댁이 어딜까요잉?" "천호동인디" "아이고 천호동이 어디 붙어 있는 구석일까잉?" "저그 광나루 워커힐 건너서." 용팔이는 신촌 서강대 앞에서 다시 천호동을 향해 사과 두 상자를 짊어지고 발걸음을 옮긴다. 목에 걸친 수건은 땀으로 젖어 후줄근하고, 지난날의 주먹을 숨기고 비굴한 성실함으로 터벅터벅 걷는 용팔이의 지게 진 어깨에는 황혼이 내린다.

우정과 복수의 비정한 하드보일드 : 「인간 사표를 써라」

박노식은 고단한 삶을 사는 이들에게 어떤 종류의 위안이었을 것이다. 그런 그가 감독을 시작하게 되는 것은 1970년부터이다. 그 첫 번째 작이 「인간 사표를 써라!」이다. 북만주의 어느 탄광에서 김희라와 절친한 친구 사이였던 박노식은 허장강의 흉계에 빠져 친구 김희라를 저 세상으로 먼저 보낸다. 김희라가 죽으면서 남긴 한마디는 자신의 사랑스런 아내를 부탁한다는 것이었다. 박노식은 허장강에 대한 복수의 칼날을 갈면서 세월을 보내고 드디어 복수를 위해 허장강을 찾는다. 그러나 만만한 허장강이 아니어서 박노식의 손아귀에서 생쥐처럼 사라지고, 박노식은 김희라의 아내를 찾아간다. 그런데 김희라의 아내 김지미는 눈먼 소경이었고, 그녀는 박노식을 자신의 남편 김희라로 알고 "여보!" 하며 박노식의 품에 안긴다. 사나이 박노식, 통한의 눈물을 가슴으로 삼키며 자기는 김희라가 아니라고 차마 말을 못하고 김지미의 남편 김희라 행세를 한다. 박노식은 북만주에서 지켜 주겠다고 약속한 동생 김희라을 잃으면서 그의 삶도 끝이었을 것이다. 즉, 사후세계인 것이다. 살자고 아등바등하던 그 팽팽한 줄이 김희라의 죽음으로 끊어져버리고, 그의 삶은 복수를 위한 여분의 삶이니 김지미 앞에서 김희라 노릇을 못할 리 없고, 의사를 찾아가 자신의 눈을 김지미에게 기증한다는 증서를 못 만들 리 없는 것이다. 드디어 허장강을 찾아낸 박노식은 그를 죽이지만 자신도 치명적 상처를 입고 김지미와 만나기로 한 장소로 비틀거리며 걸어간다. 하염없이 박노식 아니 김희라를 기다리던 김지미는 다가오는 박노식의 인기척을 듣고 그의 품에 안기기 위해 두 손을 허공에 휘저으며 가고, 박노식은 마지막 숨을 거칠게 토해내며 자신이 있는 곳과는 정반대 방향으로 가는 눈먼 김지미를 소리쳐 부르지만 김지미는 박노식과는 점점 멀어지고, 숨을 거두는 박노식의 손에는 안구 기증 증서가 피에 젖어 바람에 날린다. 이 영화는 유치하고 천박하다고 비웃으며 보다가도 감독 박노식의 공들인 흔적이 행간에 스민 낌새를 들이밀 때마다 슬그머니 꼬리를 내리게 하는 무엇이 있다. 눈에 대한 이야기는 그의 70년대 마지막 영화 「악인이여 지옥행 급행열차를 타라」에서 다시 나타나는데, 이번에는 자신이 장님이 된 박노식이 복수를 위해 나서고, 그와 함께 복수에 나서는 옛 지인의 딸이 죽기 직전 박노식에게 눈을 줌으로써 둘은 합쳐진다. 이 신체 훼손의 이야기에 대한 이상한 집착은 어떻게 봐야 하나? 돈 시겔과 마이클 워너류의 비정한 하드보일드의 흔적이 노골적으로 드러나고, 너무 침소봉대하는 것 같지만, 원죄의식이 깔려 있는 주인공들이 대부분이며(심지어 인정 미담극인 「방범대원 용팔이」마저도 과거의 깡패들이었던 주인공들 앞에 사랑하는 여자의 아버지가 범죄자로 나타나 그들을 고민하게 만든다), 억압당한 것들은 귀환한다는 모티프 또한 노골적이어서, 그가 만든 대부분의 주인공들은 교도소에서 원한을 가지고 출감하거나 살해되었다고 알려진 자가 나타나는 것으로 영화가 시작된다. 그리고 할리우드의 정통 액션극보다는 뭔가 옆길로 삐딱하게 새어나간 미국 B급 액션영화들에게서 영향을 받은 것이 서려 있어 그냥 무시하고 보기에는 뭔가 석연치 않다.

비운의 시대, 급행열차를 타고 세상을 등진 액션 황태자

　「인간 사표를 써라」 이후 박노식은 「왜?」「자크를 채워라!」 「집행유예」「나」「육군사관학교」「일생」「폭력은 없다」와 같은 제목에서조차 쓴 웃음을 짓게 만드는 남자 냄새 물씬 풍기는 마초 액션영화와 「방범대원 용팔이」류의 힘들고 어렵던 시절에 근대화의 물결을 헤쳐 나가던 서민들의 땀 냄새가 곳곳에 포진한, 마치 '쇼지꾸 오오후나' 전통을 이어 간 야마다 요지 감독이 만든 「남자는 괴로워」 시리즈를 연상케 하는 인정이 넘치는 코미디를 만든다, 76년 「악인이여 지옥행 급행열차를 타라」를 마지막으로 영화계에서 모습을 감춘다. 그가 감독한 영화들이 계속 흥행에 실패를 해서일까? 「악인이여 지옥행 급행열차를 타라」이후의 공백은 뭔가 석연치 않다. 그 살벌했던 76년 이후로 우리는 신중현을, 김추자를, 김정호를, 송창식을 볼 수 없었던 것과 마찬가지로 박노식을 볼 수 없었다. 불같은 성격의 소유자였던 박노식이 바리케이드가 쳐 있던 금단의 출입 금지 구역 청와대 뒷길을 "나 박노식이야"하며 악셀을 밟았다는 이야기에 뭔가 불안한 징조가 있었지만, 항간에 떠도는 소문으로는 76년 그 지독한 마녀사냥의 시기에 취조검사를 향하여 그 검사의 이름이 박힌 검사명패를 집어 던졌다는 이야기가 있는데 그 앞뒤의 이야기는 그가 가지고 이 세상을 떠났으니 이제는 알 길이 없고 하여튼 어떤 이유로 출연정지 처분을 당하고 미국으로 떠나게 된다.

그 후 6년의 공백기를 지내고 박노식은 「돌아온 용팔이」로 다시 영화계를 노크 하지만. 아! 언제적 박노식이고 언제적 용팔이인가.

여기 그 날고 기던 영화 배우(유현목 감독의 「카인의 후예」 김효천 감독의 「소장수」 이만희 감독의 「일본 해적」「싸릿골의 신화」로 최고의 성격 배우라는 찬사를 받던)이자 액션영화 감독이 풍 맞은 몸을 이불 속에 감추고 누워 있다. 잘 열리지 않는 입술을 힘들게 움직여 시나리오 작가에게 다음 영화에 대한 구상을 말한다. "윤작가, 우리 다시 영화해야지." 하지만 그의 다음 영화는 그가 이 세상을 등지면서 그와 함께 사라져버린다. 어느 정점에 섰던 자의 몰락은 개인사적인 흥미도 흥미지만 그 시대의 내면 풍경을 엿보게 한다. 그가 만든 영화들에서도 드러나듯이 그의 호사 취미는 대단했던 것 같다. 그 당시는 이름도 알 길 없던 고급 외제 승용차들이 그의 영화에 등장하고(당시의 제작 상황으로 보건대 감독의 개인차가 영화에 쓰인 것은 당연하다), 명동의 고급 살롱에서 만든 것이 분명한 뭔가 언밸런스하고 이상한 시대 불명, 국적 불명의 레이스 달린 의상들…… 김지하의 「오적」에서 동부 이촌동 묘사 부분이나, 「비어」에서 고관의 옷차림 묘사 부분을 눈으로 확인하고 싶다면 박노식 영화에서 확인할 수 있다. 박노식은 70년대의 최고로 성공을 한 호화 고급 생활자들의 천박한 모습과 용팔이로 불리는 가난한 사람들의 페이소스가 담긴 두 가지 모습을 황폐하게 보여준다. 이 두 가지의 어울림은 위험스러운 것이고, 언제나 세상은 한 가지에만 충실하기를 원한다. 우리가 익히 알듯이 이런 종류의 위험스런 주인공은 가장 성공을 한 정점에서 내장 깊숙이 숨어 있던 그의 근본이 꿈틀거리고 솟아 나와 그를 파멸의 길로 몰아세운다. 그리고 내가 박노식을 사랑하는 지점이 바로 그를 파멸시킨 박노식 내부의 근본이다. 그가 마지막으로 만든 영화의 제목은 '돌아온 용팔이'였다. 아마도 경동 시장인 듯한 초겨울의 김장 배추 시장에서 용팔이 박노식은 그의 사랑스런 동생 용칠이 장혁과 뻔데기 장수를 한다. '뻔'은 용팔이가 외치고 '데기 데기'는 용칠이가 한다. 용팔이는 용칠이에게 좀더 성의를 가지고 리듬에 맞춰 '데기데기'를 외치라고 하지만 추위와 부끄러움 때문에 용칠이의 목소리는 자꾸만 작아진다. 용팔이는 화를 내며 그들이 잃어버린 이조

백자를 찾을 때까지 춥고 배고파도 참으라고 하는데, 이때 소매치기가 나타난다. 우리의 용팔이 가만있지 못하고 소매치기에게 덤벼들고, 그의 장사 밑천이자 백자를 찾을 수 있는 유일한 단서인 뻰데기 리어카는 박살이 나고 만다. "아이고 이제 망해부렀구나" 하는데 그들이 찾고 있던 백자를 가져갔다는 아가씨가 그들의 싸움을 보고 큰 소리로 웃고 있는 것이 아닌가? 전화위복에 신이 난 용팔이와 용칠이가 아가씨에게 달려들고. 하지만 영화에서처럼 그들이 잃어버린 백자를 가진 아가씨는 현실의 용팔이에게는 나타나지 않았다. 그냥 박살난 리어카만 뒹굴었을 뿐. 1960년대 그가 누리던 황태자 시절은 영영 다시 돌아오지 않았다.

배신자를 향해 작렬하는 분노의 왼발, 이두용 감독

엉겁결에 찾은 마포극장 : 이두용 영화와의 첫 번째 조우

1974년. 모래내란 판자촌 동네에서 신촌이란 대처로 이사 간 나에게는 획기적인 또 하나의 세계가 열린 것 같았다. 거리 상으로야 몇 분 안 걸리는 위치지만 그 당시엔 거리로는 환산할 수 없는 문화적인 격차가 두 동네 사이에 존재했는데, 모래내가 대문을 나서면 간밤의 도둑놈이 싼 똥을 밟던 곳이었다면, 신촌은 대문만 나서면 여러 장의 극장 포스터가 울긋불긋 유혹을 하는 곳이었다. 어느 날 신정 특선 프로로 이소룡의 「용쟁호투」가 걸렸고, 이소룡이 죽었다, 안 죽었다로 티격태격하던 우리들은 "봐, 이소룡은 안 죽었잖아(사실 이소룡은 그 전 해 7

월 20일 이후로 이미 이 세상 사람이 아니었다)"하면서 이소룡의 새 영화를 보기 위해 나섰다. 그런데 문제는 새로 이사 온 동네라서 그놈의 「용쟁호투」를 상영하는 대흥극장이 어디에 붙어 있는지 모른다는 것이었다. 집안 어른들에게 극장 위치를 물어볼 수는 없고, 할 수 없이 신촌을 샅샅이 뒤지기로 마음을 먹고 대흥극장이란 곳을 찾아 헤매었는데, 멀리 홍대 뒤의 당인리 발전소와 이대입구 넘어 아현동까지 가 보았지만 대흥극장은 보이지 않았다. 시간은 흘러 일주일짜리 프로가 내일이면 끝나는데 그놈의 대흥극장은 어디에 숨었는지 보이질 않고, 길을 물어물어 '대'자 붙는 극장이라고 찾아간 곳이 마포경찰서 앞의 대성극장. 윽! 또 누군가에게 물으니 한강 쪽으로 쭉 올라가면 극장이 하나 있는데, 그게 대흥극장일지도 모른다는 것이었다. 마지막 희망을 목에 걸고 찾아 간 곳은 대흥극장이 아닌 마포극장. 뜨악, 절망! 짧은 겨울 해는 어느덧 서산으로 기울고, 오후 여섯 시가 넘어서 집으로 들어간다는 것은 상상도 못하던 초등학생 시절이라, 터벅터벅 발길을 돌리려다가 운명적으로 마포극장의 간판을 보았다. '챠리 셸 주연. 태권영화의 명장, 이두용 감독. 신정 특선 프로 「배신자」' 이렇게 나는 이소룡을 보려다 이두용 감독의 영화를 만나게 되었다. 색 바랜 붉은 벽돌 건물들 사이의 좁다란 골목. 두 남자가 마주보고 서 있다. 검은 양복을 입은 사내 챠리 셸이 지금은 조춘이라고 알고 있는 대머리 사내에게 편지를 보여준다. 두 목님이 전하라 했다며. 조춘은 편지를 펼친다. 하얀 종이 위에 휘갈겨 쓴 글, "죽여라!" 조춘과 챠리 셸의 대결. 챠리 셸의 검은 기지바지가 펄럭이며 조춘의 대머리를 피스톤처럼 강타한다. 조춘은 챠리 셸의 상대가 되지 못하고 드럼통 속에 거꾸로 처박혀 챠리 셸의 드럼을 탄주하는 스틱 같은 발차기에 숨을 거둔다. 고개를 숙이고 숨을 헐떡이는 챠리 셸, '혹'하고 입김을 날려 오른쪽 얼굴을 뒤덮은 머리카락을 뒤로 넘기자 분노에 이글거리는 그의 눈동자가 드러난다. 조직의 보스는 그의 젊고 아름다운 아내를 겁탈하고 이젠 그마저 죽이려는 흉계를 꾸몄던 것이다. 이제 챠리 셸의 인생은 끝이 났다. 사랑하는 아내와 그렇게 믿고 따르던 두목과 형제들이 자기를 배신한 것이다. 그는 이제 좀비다. 그는 이제 말을 할 줄 모른다. 이제 그의 모든 의사표현은 분노의 왼발이 해줄 것이다! 이 영화를 보기 몇 달 전에 순수 한국 태권영화(중국 옷을 입고 중국인 행세를 하는 가짜 홍콩 권격영화가 아니란 뜻으로 우린 받아들였다)를 표방한 영화들인 전설의 태권도 8단 이준구가 주연한다는 「흑권」과 흑인 무술가까지 등장한다는 요란한 광고의 영화 「빌리 장」을 보고 무참히 속았다는 분노를 가지고 있었던 나는 별 기대가 없었는데, 어라! 챠리 셸은 자신의 아내를 강간하고 살해한 동료들을 차례로 죽여 가다, 마지막에서 두 번째인가 아니면 세 번째인가 하는 옛 동료이자 아내의 원수를 죽이러 간 순간, 그가 자기 아내에게 친구인 챠리 셸의 아내를 강간했었고 그가 복수를 시작했다며, 자신은 그 죽음을 달게 받아들이겠다면서 아내에게 용서를 구하고 참회의 눈물을 흘리는 모습을 엿보게 된다. 챠리 셸이 반쯤 흘러내려 한쪽 눈을 뒤덮은 머리카락을 입으로 '훅' 불어 넘기고는 사나운 얼굴을 돌려 그를 살려 주기로 하는 장면에 이르러서는 '엇! 나를 속여 왔던 무늬만 태권영화들하고는 다른 걸'하면서 그 자리에 주질러 앉아 머릿속 기억의 창고에 영화를 고스란히 쓸어 넣으려고 밤이 깊어가는 줄 모르고 두 번을 연속으로 보고 극장 문을 나서며 극장 간판을 한 오 분간 우러러 바라보며 이두용과 챠리 셸까지도 머릿속에 집어넣고 집으로 돌아와 죽도록 맞았던 것이었다. 가지고는 싶지만, 가질 수 없는 것들이 너무나 많았던, 결핍으로 가득 찼던 나는, 마음에 드는 영화를 보면 그 자리에 주질러 앉아 연속으로 네다섯 번을 줄창 보면서 기억의 창고에 집어넣고, 사랑하는 영화가 행여 사라질까봐 영화의 내용을 중세의 트로바토레처럼 친구들에게 뻐꾸기 날리고, 버스 안에서도 수업 시간에도 하루 종일 영화를 머릿속에 틀어 놓고 되새김하곤 했던 것인데, 그 기억의 목록 속에 멋진 영어 이름을 가진 챠리 셸을 왕우와 이소룡 다음에 입력시킨 것이다.

「용호대련」에서 「속 돌아온 외다리」까지 : 한국 태권영화의 이정표가 된 이두용 감독의 태권 시리즈

그 당시 나는 황금물결이 출렁이는 홍콩 쇼 브라더스의 영화 로고나, 왕우 영화의 홍콩제일영업공사 그리고 이소룡 영

화마다 등장했던 네 개의 노란 사각형이 빛나는 골든 하베스트 로고를 보면 심장이 쿵쾅거리고 눈물이 핑 도는 홍콩영화만 보면 사족을 못 썼던 소년이었지만, 또 한편으로는 70년대 한국적 민주주의라는 독자적이고 창조적인 태평성대 속에서, '잘살아보세!' 새마을 운동으로 매주 신문지를 모아 학교에 가져가고, 달이 바뀌기 무섭게 긴급 조치를 취해서 북한 괴뢰도당의 전쟁 위협 속에서 민심을 안정케 하고, 호시탐탐 간첩과 양담배 피우는 사람을 살펴보고, 매일 오후 다섯 시에 태극기를 우러러보며 조국과 민족 앞에 충성을 다짐하는 열혈 이승복적 소년이기도 했다. 그래서 "나는 왜 한국영화보다 짱깨영화를 더 좋아하지? 난 배신자인가?"하는 죄책감에 싸여 있었고, 급기야 죄책감을 숨기려, "우리에게는 태권도가 있다"를 붉은 완장 찬 머슴처럼 고래고래 외치며 미남 배우 신일룡 주연의 「동풍」, 태권 유단자들이 만든 「흑권」 「빌리 장」 같은 우리 나라의 태권영화를 보러 다녔지만, 홍콩영화의 수준에는 턱도 못 미쳐 실망을 거듭했던 것이다. 역시 후진 건 후진 거라서 아무리 한국영화라 해도 재미없으면 '땡'이었다. 사실 배우가 아닌 태권도 유단자들과 미8군에서 데려온 듯한 흑인 태권 유단자들의 연기는 아무리 10살짜리 꼬마라 하더라도 감정이입이 안 되는 매우 딱한 수준이었던 것이다. 영화적 수준으로 치면 한국 태권도영화보다는 좀 나은 한홍 합작(그 당시 우리들은 한중 합작이라고 불렀다)이라고 불리는 위장 합작한 영화들이 있었는데, 그 영화들은 배우들의 입에서 한국말이 나오기는 하지만, 홍콩 배우들에게 억지로 한국말을 덮어씌운 그런 영화여서 보고 나면 뭔가 속았다는 찝찝한 기분이 들었던 것이다. 그나마 홍콩에서 한국 감독 정창화가 홍콩 배우 로례를 데리고 만든 「죽엄의 다섯 손가락('철인'이란 제목으로 개봉했었다. 당시에는 '죽음'을 '죽엄'이라고 써야 멋있다고 생각했는지 이렇게들 사용했다)」만이 안타깝지만 그 당시 한국감독의 손을 탄 유일하게 제대로 만든 권격영화였다(이 영화의 속편임을 자부하는 「마지막 다섯 손가락」이 김시현 감독에 의해 만들어졌지만, 글쎄, 제목만 좋았다). 그러나 챠리 셸이 나오는 이두용 감독의 영화는 당시의 태권도영화들과는 뭔가 달랐다. 배신자를 본 이후로 난 이미 전에 만들어졌던 영화들, 신문 광고문을 인용하면, 이두용 감독 태권 시리즈 1탄 「용호대련」 2탄 「죽엄의 다리」 3탄 「돌아온 외다리」 4탄 「분노의 왼발」 5탄 「배신자」 6탄 「속 돌아온 외다리」 그리고 거장 이두용 감독의 태권영화 결정판 「무장해제」까지를 죽어라고 찾아내어 보았다. 1974년의 한국영화 검열 기록을 보면 챠리 셸 주연, 이두용 감독의 태권영화 6편이 모두 74년 한 해에 개봉되었다. 거의 두 달에 한 편꼴로 만든 셈이다. 놀라운 일이다. 뭐, 졸속으로 만들어졌건 모방이건 간에, 이 태권영화들은 우리 나라의 무술영화에 하나의 이정표를 제시한 건 사실이다. 한국 이름 한용철, 영어 이름 챠리 셸은 그 이후 태권영화에 등장하는 주연 배우들의 이름을 바비 킴이니 베스트 권이니 하는 식으로 바꿨고, 그의 날카로운 눈매 밑의 콧수염, 손끝을 자른 검은 가죽장갑과 줄무늬 양복 나팔바지 그리고 몸에 꽉 조이는 은회색의 조끼는 그 후 몇 년간 한국 무술영화에 등장하는 중국 옷을 입은 가짜 중국인 주인공에 대한 유일한 대안이었음이 분명하다. 무대는 언제나 만주의 하얼빈이거나 흑룡강 근처이고, 적은 언제나 일제였고, 항상 금괴를 찾아다니고, 주인공은 독립군이 아닌 셰인과 흡사한 캐릭터를 가진 태권 실력자이다. 그는 사랑하는 여자 또는 배신 때문에 눈이 멀거나, 다리를 잘리거나, 마지막에 죽거나, 어디론가 표표히 떠나거나 한다. 이탈리아인들이 스페인에서 서부극을 찍었듯이, 이두용 감독은 총 대신 태권 발차기를 가지고, 만주판 웨스턴을 만들었던 것이다. 단언컨대, 이두용의 태권영화는 그 이후에 만들어진 무수한 태권영화의 원조이다.

작렬하는 발차기 : 강철 다리 하나로 시대를 주름잡은 챠리 셸

만주 어딘가의 컴컴한 뒷골목의 술집. 철컹거리는 무쇠 소리가 좁은 골목에 메아리친다. 영문을 모르는 악당들은 서로의 얼굴을 바라보며 점점 다가오는 무쇠 부딪히는 소리가 들려오는 곳을 주시한다. 고개를 반쯤 숙이고 한쪽 다리를 질질 끌며 한 사나이가 어둠 속에서 다가온다. 절룩거리는 사나이의 왼발이 움직일 때마다, 골목을 무너뜨릴 듯 둔중한 무쇠 부딪히는 소리가 울리고, 드디어 악당들 앞에 선 사나이. 악당들은 그를 보자 박장대소한다, 외다리 병신이 왔다고. 그러나 외다리의 의족을 채운 다리가 악당들의 안면을 강타하자, 웃음소리는 공포의 신음소리로 바뀐다. 의족은 강철로 만든 것이었고 그 강철 다리는 빗맞아도 두부(頭部) 파괴라는 핵무기였던 것이다. 이쯤에서 캄캄한 극장 안의 우리 꼬마들은 박수를 치며 이렇게 외친다. "우와 통쾌하다! 홍콩엔 외팔이가, 일본에 장님 가쓰 신타로가, 그러면 우리에겐 외다리가 있다!" 챠리 셸이 그 전광석화 같은 왼발을 적의 머리를 향해 뻗는다. 그러면 곧바로 화면이 타이트하게 적의 머리와 챠리 셸의 다리만을 포착한다. 그러면 챠리 셸의 발은 일 초에 일곱 번(정확히 세어 보지는 않았음을 고백한다)! 적의 뺨따구를 사정없이 갈긴다. 태권영화 1탄 「용호대련」을 찍을 당시 이두용 감독은 오디션을 통해 가장 다리가 길고, 화려한 발차기를 소유한 자를 주연으로 발탁했다고 한다. 그 결과가 재미교포였던 챠리 셸이고, 항상 상대악역으로 나오던 권용문이었다. 권용문은 그의 화려한 발차기를 홍콩에서도 인정받았던 실력자였고, 그는 당연히 이두용 영화에서 무술 감독으로 실력을 발휘했다(「용호대련」 이전의 한국 무술영화들은 비록 유도가 몇 단, 합기도와 태권도가 몇 단씩인, 한가락 하는 액션 배우들이 출연했지만, 무술 감독이라는 시스템이 전무했던 관계로 무술영화라기보다는 사극에 가까운 드라마로 주인공이 칼만 들고 있는 경우가 많았고, 합을 만들어 액션 시퀀스 안에서 드라마를 연출해내기에는 역부족이었다). 당시 이소룡 이전의 홍콩영화들에서 화려한 발차기를 보기란 '하늘의 별 따기'였고, 경극에 뿌리를 둔 이소룡의 액션 연출로부터 자극받은 발의 예술은 이 척박한 땅에서 이두용 감독에 의해 불균질하지만 홍콩영화와는 차별성이 있는 뭔가에 억눌린! 모든 것을 폭발시키는 파워풀한 액션으로 만들어졌던 것이다. 「죽엄의 다리」였던가? 지금 기억으로 챠리 셸 주연, 이두용 감독 태권시리즈 중에서 제일 재미있게 보았던 그 영화의 마지막 라스트에 챠리 셸이 자기를 포위하고 있는 일본 헌병들을 향해 발차기를 날리고 총소리와 함께 화면은 정지된다. "에이, 저게 뭐야, 「정무문」 본땄잖아"하면서도 우린 다시 그의 영화를 찾았다. 뭐 재미있지 않은가? 당시엔 억지로 베낀 영화들이 많았는데, 이야기를 그럴듯하게 몰입을 시키니 "뭐, 저 정도는 괜찮아"였다. 솔직히 말해서 그 당시에 만들어진 한국 태권영화들 중에서 주인공에게 감정이입하면서 시간가는 줄 모르고 볼 수 있는 영화가 어디 흔했을 거라고 생각하는가? 그래도 이두용 감독의 영화는 초등학생 꼬마를 비롯한 동네 당구장 죽돌이들이 손에 땀을 쥐며 볼 수 있었던 유일한 한국 태권영화였다.

「무장해제」 이후 「돌아이」까지 : 웨스턴 태권영화의 세계를 떠나간 이두용 감독

6편을 내리 챠리 셸과 찍은 이두용 감독은 마카로니 웨스턴 적인 틀에서 벗어나 뭔가 새로운 야심을 기울이기 시작했던 것 같다. 그래서 나온 것이 75년에 만들어진 「무장해제」였는데, 배경은 40년대 만주가 아닌 조선 말 무장해제의 시기로 올라간다. 이전 영화들이 모두 마카오 신사와 같은 양복과 중국 옷 일색이었는데, 이제는 한복 일색이다. 무장해제를 당한 조선군의 아들이었던가? 하여튼 주인공이 총칼을 든 일본군에 대항하여 무장해제당한 맨손(태권)으로 무모하게 싸우다 일본군의 손에 잡혀 죽는 비장한 줄거리였다고 기억한다(언뜻, 이차대전 초기, 폴란드 정예 기병들이 독일 기갑 부대의 포화 속을 돌진하여 몰살당한 이야기로 만든 영화가 생각난다). 이 영화의 라스트도 사랑하는 사람을 잃는 순간 여주인공(주인공의 아내였던가?)이 울부짖는 장면에 정지 화면으로 영화가 끝났었다. 이두용 감독은「정무문」의 라스트와「내일을 향해 쏴라」의 라스트 같은 극적인 정지 화면을 사랑했던 것 같다. 멋있어! 하여튼 이 영화의 신문 선전문을 보면 정말 재미있다. 그대로 옮기자면 "이두용 감독의 태권영화들이 국내는 물론 가까이 동남아와 일본, 멀리 구라파와 미국에까지 작품의 우수성이 인정되어 선진국가로부터 합작을 제의받았다. 이제 영화사 사장은 대용단을 내려, 태권 천재 강대희를 캐스팅하고, 이두용 감독의 세계 진출 기념작으로「무장해제」를 만들고 북미 전역에 태권 종주국 코리아의 힘을 과시하려 본격 태권 액션극「시카코」「아메리카 방문객」「보디가드」등 3편을 촬영코져 태평양을 횡단하는 대장정에 오르게 되었다." 하하하! 이 꿈은 실현되지 못하고 이듬해「아메리카 방문객」한 편만이 만들어졌는데, 챠리 셸이 아닌 정준이란 재미교포 태권도 사범의 발차기는 별로였다. 1974년 이후 차리 셸은 비슷비슷한 태권영화에 겹치기 출현하여 녹슨 쇠다리가 되어 갔고, 이두용 감독은 태권의 세계를 떠나 「장남」과 「물레야 물레야」의 세계로 떠나 버린다. 아쉽다. 셸지오 레오네가 처음부터 마카로니 웨스턴으로 세상을 성찰했겠는가? 거듭 만들어진 영화와 성찰의 시간을 통해 비로소 「속 석양의 무법자」의 세계에 도달했듯이, 이두용 감독도 태권 액션영화로 세상을 성찰하는 좋은 작품을 만들지 못하고, 검열의 피 묻은 가위질로 「해결사」와 「최후의 증인」이 나락으로 떨어지면서, 그 대신 자본에게서 자유롭지 않은 「돌아이」 시리즈로 정점에 도달한 것이 아쉽다. 왜 액션영화 감독들은 자기가 만든 액션영화에 대해 당당하지 못한 것일까?

그리고 누구의 잘못인지 그 때의 영화들이 비디오로 한 작품도 출시 안 된 것이 아쉽다. 필름이 분실되었나?

하지만, 누군가 1970년에 나온 모든 록 레코드는 모조리 살 만하다고 했었는데, 난 1974년에 나온 한국 태권영화 중 이두용 감독의 영화는 모두가 볼 만하다고 말하고 싶다. 좀 과장이 심한가? 뭐, 그러면 좀 어때!

한국영화에 웨스턴이?!
무국적 액션 하이브리드의 초절정
만주 웨스턴, 쇠사슬을 끊어라!

웨스턴의 찬란한 변종의 역사. 이 땅까지 흘러들어 만주 웨스턴을 탄생시키다

지금에야 마음이 좀 넉넉해져서 그냥 웃고 말지만, 초등학교 시절, 주말의 명화에서 방영되던 미국판 서부극들은 다 보고 나면 화가 치밀어 마당에서 곤히 자고 있던 똥개를 발로 차게 만들었다. 왜 미국놈들은 저렇게 터무니없는 잘난 척을 하는 거야!

어릴 적부터 심성이 사악했는지 아니면 내가 바로 그 유명한 '악의 축'이었는지, 존 포드의 「나의 사랑 크레멘타인」 같은 영화를 보면서 감정이입하라는 주인공들보다는 OK목장의 사악한 악당들에게 마음이 쏠려 그들을 응원하였다. 그러나 악당들은 정의의 와이어트 업에 의해 추풍낙엽처럼 쓰러지고 마니, "왜 세상은 저런 잘난 척하는 놈들만 이기게 되어 있지?"하는 불만이 없을 수 없었다. 그 뒤로도 「셰인」이나 「엘도라도」 같은 영화들을 무지하게 증오하며 '이따위 영화들 다신 안 보겠다' 맹세하기를 몇 번이었는지 모른다. 그런데, 이소룡이 죽고 1년 후(용서하시라. 나의 유년의 기억은 그리스도 탄생 이전과 이후로 나뉘는 시대 구분처럼 이소룡이 죽기 이전과 죽은 이후로 관리되고 있다) 신정 특선 프로로 TV에서 방영된 「석양에 돌아오다」(이것은 국내 개봉 제목이다. 비디오 제목은 「속 석양의 무법자」이고 원제는 「The Good, The Bad, And The Ugly」이다)는 지금까지 보았던 서부극들과는 뭔가 달랐다. 비열한 악당들이 주인공인 것이다! 비명 같은 음악이 천지를 뒤덮고, 황금을 찾아 드넓은 묘지와 수많은 비석들 사이를 미친 듯이 달리는 일라이 워락의 장면에 이르러서는 거의 기절할 정도가 되고 말았으니, 그것이 바로 미국인들이 자신들이 순수하고 소중하다고 믿는 처녀성을 빼앗긴 것만큼이나 싫어하고 불쾌해 했던 마카로니 웨스턴이었다.

서부극의 거장이라 칭송되어 어깨에 힘이 잔뜩 들어 있던 존 포드 할아버지에게 기자가 질문을 했다.

"기자 : 이탈리안 웨스턴을 보셨습니까?
존 포드 : (얼굴을 찡그리며) 뭐? 너 나한테 농담 거냐?

그게 도대체 뭐 하는 건데?

　기자 : 너무 기분 나빠하시지 마세요. 요즘 그런 영화들이 인기를 끌고 있어요. 그렇지만 뭐, 좋은 스토리도 없고, 좋은 장면도 없어요. 오로지 사람을 죽이기만 하는 그런 영화예요."

　당시 그들은 그렇게 냉소했지만, 일본에서 존 포드의 서부극을 존경했던 구로자와 아키라가 웨스턴적인 사무라이 활극을 만들어 히트치고, 또 그 영화들이 저 멀리 지구의 반대편에서 헤라클레스의 모험 같은 고대 신화의 영웅담을 영화로 만들던 서부극 애호가 셀지오 레오네에게 힌트를 주어 마카로니 웨스턴의 총성을 세계에 울리게 만들었으니, 존 포드가 원하든 원치 않든 간에 그들이 사랑하고 자랑스러워하는 웨스턴은 변종을 낳기에 이른 것이다. 하여튼 셀지오 레오네가 "자기는 아일랜드에서 미국으로 건너가 서부극을 만든 주제에 이탈리아에서 서부극을 만들었다고 무시하는 건 뭐야, 텃세 부리냐?"라며 존 포드를 향해 구시렁댈 때. 세계정세와 상관이 있는지는 잘 모르겠고, 표절인지 뭔지는 중요하지 않고, 하여튼 간에 이 땅에서도 서부극과 전쟁영화가 짬뽕된 정체 불명의 영화들이 만들어지기 시작했으니 그것이 바로 일제 시대 만주를 무대로 사나이들의 피와 땀 그리고 탐욕과 배신이 얼룩진 만주 독립군 활극, 만주 웨스턴(오해하지 말기를, 이 용어는 그냥 내가 붙인 것이다)이다.

옛날 옛적 만주에서는 : 우리도 한다면 한다. 한국제 서부극의 탄생

만주는 어릴 적 동네 골목에서 콧물 질질 흘리는 아이들을 모아 놓고 초라한 늙은이가 달고나나 또뽑기를 팔면서 "지금은 거지꼴이지만 한때는 내가 말이야, 독립군이었단 말야. 만주 흑룡강가였나? 하여튼 뒤에선 마적들이 쫓아오고, 앞에는 관동군 초소가 떡 버티고 있는데⋯⋯"하며 생구라를 까서 우리들에게 모험과 활극의 땅으로 각인시킨 곳이며,『토지』의 거복이가 살인죄인의 자식이란 원죄를 피해 2대에 걸친 살인이라는 예정된 죄악을 짊어지고 찾아간 곳이기도 하다. 또한 『북간도』처럼 '여기서 굶어 죽기보다는 차라리 그곳으로'하며 서부극의 주인공들처럼 찾아간 곳이 그곳이고, 일본인들이『낙지방』이나『인간의 증명』의 주인공들처럼 뭔가 한탕을 해서 일확천금을 거머쥐려 하거나, 죗값을 피해 또 다른 운명적인 죄를 찾아간 곳도 그곳이다.

이 매력적인 시공간인 '일제 시대의 만주'를 한국의 영화인들은 총이 나오는 액션의 무대로 선택했다. 물론 이 당시 총이 나오는 액션으로 많이 만들어진 것은 6.25 전쟁영화이지만, 반공의 깃발 아래 한 치라도 어긋남이 없어야 한다는 제약과 동족상잔이라는 불편함 때문에 부담스러웠으니, 좀더 아무 생각 없는 활력 넘치는 액션영화로는 만주가 안성맞춤이었다.

만주 웨스턴의 패턴은 거의가 정해져 있었는데, 첫째, 총이 나오고 말을 달린다. 이건 정말이지 할리우드 웨스턴적인 소품이다. 두 번째는 영화에 깔려있는 조선 독립이라는 꿈과 절대적 악인 일본 제국주의의 대립이다. 이것은 6.25를 소재로 한 전쟁영화에서 느끼게 되는 혈육끼리의 싸움이라는 밑바닥에 깔린 죄의식을 말끔하게 씻어 준다. "일본놈들이 우릴 얼마나 괴롭혔는데!" 웃기지만 이거 하나면 만사형통이니까. 그리고 세 번째, 거의 대부분의 주인공들은 장동휘·박노식·이대엽·황해·허장강·김희라 같은 선이 굵직한 액션 배우들이 나온다. 미남 배우 신성일·최무룡이 출연한 만주 웨스턴은 놀랍게도 거의 전무하다(물론 신성일과 최무룡은 「상해리루」「상해임시정부」 같은 일제시대 상해를 배경으로 한 영화에 단골로 주연을 맡았고, 만주 웨스턴의 주인공 장동휘·박노식들은 여기서는 어김없이 신성일·최무룡·김지미를 괴롭히는 악당들로 나온다. 사실 상해를 배경으로 한 영화들의 대부분은 상해 임시정부와 관련된 첩보 스릴러물이었다. 매력적인 미녀 여주인공과 스마트한 비밀 첩자들이 007처럼 우아하게 행동하는데 개인적으로 만주 웨스턴보다는 덜 매력적이었다).

주인공들의 캐릭터를 보면 알겠지만, 그들은 대부분 사악하고 비열하다. 상대를 믿지 못하고, 서로 속일 궁리만 하고, 말하자면 나쁜 놈들이다. 그러나 라스트에 가면 그들은 놀랍게도 조선 독립을 위해 암약했던 것으로 드러난다. "아! 조선 독립군인 걸 숨기려고 그렇게 못되게 굴었구나." 참 편리한 면죄부다. 이런 면죄부는 이후 한국 액션영화가 군인들의 철통같은 검열 앞에서 그나마 명맥을 유지할 수 있었던 숨통이었

45

다. 정말 다행이 아닌가? 흑흑흑…….

60년대 초반의 만주 활극들을 만주 웨스턴이라 부르기엔 좀 곤란하다. 6.25 전쟁영화와 거의 비슷하지만, 무대가 만주인 것만 조금 다를 뿐이었다. 하지만 60년대 중반 이후부터 만주 독립군을 주인공으로 한 영화들이 전쟁영화의 틀을 벗어던지게 된 계기가 있었으니, 그건 아마도 이 땅에 상륙한 마카로니 웨스턴 때문일 것이다.

셀지오 레오네의 「황야의 무법자」「석양의 무법자」「석양에 돌아오다」가 차례로 개봉되고, 곧 이어 미국식 이름인 '몽고메리 우드'로 어설프게 미국 배우처럼 보이려 잔머리를 굴리다, 제법 자신감이 생기자 당당하게 이태리식 이름으로 커밍아웃한 전직 소방수 출신의 총잡이 줄리아노 젬마 주연의 「황야의 은화 일불」「황야에 빛나는 별」「남쪽에서 온 무법자-아리조나 콜트」와 파란 눈의 외로운 늑대 프랑코 네로의 「속 황야의 무법자-쟝고」「프로페셔널 건」「카오마」「아디오 텍사스」 등이 차례로 개봉되었다. 그 여파는 이웃 나라 일본에도 전해져, 영화사 니카츠는 스즈키 세이준의 「관동무숙」으로 우리에게 알려진 '송충이 눈썹' 고바야시 아키라에게 셰인이 입었던 사슴 가죽옷을 입히고, 권총을 차고 말을 달리며 기타를 치게 하는 일본제 서부극을 선보였다. 일명 '철새' 시리즈(10년 전에 NHK 위성방송에서 고바야시 아키라 특집을 할 때, 두어 편 보았는데, 일본인들이 미국 카우보이 흉내를 내는 게 정말 가관이었다. 이 말은 우리에게도 해당된다)로 불리웠던 이 뻔뻔스러운 시리즈는 꽤 히트했다.

　그뿐 아니다. 홍콩에서는 검객영화의 열풍을 잠재운 왕우 감독·주연의 권격영화 「용호의 결투」 「흑백도」 가 총만 안 들고, 말만 안 타고 다니지, 거의 웨스턴적인 모습으로 등장한다 (70년대 초반 왕우 주연의 권격물들은 건맨이 협객으로 바뀌었을 뿐 음악도 마카로니 웨스턴 냄새가 물씬 풍기고, 주인공들의 캐릭터, 결투의 순간을 보여주는 방식들이나, 카우보이 모자와 느와르 탐정 모자를 아슬아슬하게 연상시키는 왕우의 모자 등 마카로니 웨스턴의 흔적들이 곳곳에서 아우성친다). 그러면 한국이라고 뒤질쏘냐? 미국에 서부가 있다면, 우리에겐 만주가 있다! 우리도 한다면 한다! 엄밀하게 말해서 전쟁영화에 가깝던 만주 독립군영화들이 이젠 적극적으로 웨스턴이 되어간다. 독립군이 아니라 독립'꾼'이 된다는 말이다.

웃으면 복이 와요 : 황당무계한 코미디 서부극 「당나귀 무법자」

　그 중에서도 뻔뻔스럽고 노골적이었던 경우가 구봉서 주연의 코미디 서부극 「당나귀 무법자」인데, 몇 년 전 케이블 TV에서 방영된 것을 보고 웃다가 거의 죽을 뻔했다. 음악은 엔리오 모리코네의 무법자 시리즈 음악을 그대로 썼고, 구봉서는 클린트 이스트우드와 똑같이 수염 기르고 시가 물고 망토를 걸쳤다. 세트는 '돈은 최소한으로!'라는 허리띠 졸라매기 절약 정신에 입각해서 서부극의 술집 비슷한 판잣집을 두어 채 옹

색하게 만들고, 마을 입구에는 이정표가 있어야 하니까 어디서 쓰다 버린 것 같은 얇은 나무판지 위에 공포감을 주려고 한 건지 아니면 웃으라고 한 건지 판단이 안 서게 페인트로 해골을 그리는 정성까지 보여준다.

이 세트를 무대로 구봉서를 비롯해 서영춘, 양석천·양훈 콤비가 나와 서부극 흉내를 내려고 진지하게 애를 쓰는데, 이거 웃어야 하는 건지 당황스럽다.

건맨 구봉서가 악당들을 모두 물리친 후 "이미 아흔 아홉 명의 총잡이들을 저 세상으로 보낸 내 총은 아직도 악당의 피를 목말라 한다. 다시 총을 뽑아 사람을 죽여 백 명을 채우게 되면, 그 날이 바로 내 제삿날이 될 거라는 점쟁이 할멈의 예언 때문에 비겁하다고 욕을 먹고 오해를 받았음에도 불구하고 나는 총을 뽑지 않았었다. 그러나 나는 이 악당들을 없애기 위해 오늘 총을 뽑았다. 나는 이제 죽을 것이다……"라는 3분에 걸친 기나긴 신파극 톤의 대사를 펼치면 '살살이' 서영춘의 눈가에 이슬이 맺힌다. 건맨 구봉서, 멀쩡하게 말 잘하다가 대사가 끝남과 동시에 비틀거리며 표표히 황야의 저 끝으로 멀어져 가면, 아련한 눈빛으로 멀어져 가는 구봉서를 바라보던 서영춘이 펼치는 죽음의 대사가 이어진다. "아! 그는 황야에서 와서 이제 석양이 비치는(석양은 절대로 영화에 나오지 않는다) 황야로 한 마리 외로운 늑대처럼 돌아간다. 그는 자신이 죽을 것을 알고도 우릴 위해……" 끼약, 처절!

이 영화는 처음부터 볼 필요가 없다. 라스트에서 서영춘이

장장 3분간 이 영화의 전체 내용을 요약해서 우리에게 서글픈 목소리로 친절하게 말해 주기 때문이다. 그것뿐이 아니다. 구봉서가 입는 망토가 한 벌 밖에 없었는지, 구봉서가 안 나오는 신에서는 구봉서의 망토를 악당 중의 하나가 뒤집어서 입고 연기하는 처절한 절약정신까지 보여주고, 술집에서는 500cc 맥주잔에 위스키 대신 막걸리를 철철 넘치게 따라 준다. 그뿐이랴, 시가 대신 곰방대로 여유를 즐기는 모습까지 등장할 때쯤이면 "이것이 한국 토종 무법자!!"하며 박장대소하고야 만다. 영화가 끝나면 영화의 모든 스텝들이 등장하여 관객들에게 재미있게 보셨느냐고 친절하게 인사까지 하고 구봉서는 자신의 오랜숙원이 서부극을 찍는 것이었는데 이제야 이루어졌다고 함박웃음을 터뜨린다. 그렇다. 그의 숙원이었고 우리 역시 한국판 서부극을 보고 싶었던 것이다.

뭐, 이 영화는 만주 웨스턴이라기보다는 코미디 서부극이니 웃어넘기자(그렇다고 내가 코미디를 무시하는 것은 절대 아니다). 이후 본격적인 만주 웨스턴의 행진이 시작되는데 「광야의 표창잡이」에서는 황야의 무법자를 그대로 옮겨 총 대신 표창을 던지게 했고, 「황야의 외팔이」에서는 홍콩의 외팔이와 황야의 무법자가 합쳐졌다. 존 스터지스가 「7인의 사무라이」를 리메이크한 「평원의 7형제」(일본 개봉명인 「황야의 7인」으로 알려져 있다)가 나오자 우리는 재빨리 「7인의 괴한」을 만들었고, 이외에도 「애꾸눈 박」「돌아온 방랑자」「자자하루의 흑태양」「황야의 독수리」「흑룡강」「석양의 하르빈」「황금 독수리」

「태양은 늙지 않는다」 등등 만주를 무대로 한 웨스턴들이 속속 만들어진다(줄거리만 듣고서 보고 싶은 영화가 있는데, 임원식 감독의 영화들이다. 그의 영화는 일제에 충성을 바치던 주인공 박노식이 과오를 뉘우치고 조선 독립을 위해 목숨을 버린다는 사울이 바울이 되는 이야기라는데, 보고 싶다. 실망할지도 모르지만).

얼마 전 고맙게도 EBS에서 방영해서 감지덕지하고 본 「쇠사슬을 끊어라」는 아마도 만주 웨스턴의 스완송이라 할 만하다. TV에서 보았거나 어릴 적 기억에 본 몇 편의 영화들을 기억의 창고에서 더듬어 보고 아무리 후한 점수를 주려 해도, 이 「쇠사슬을 끊어라」만큼 재미있게 본 영화는 아직 없다(용서하라. 내가 본 것이 얼마 안 돼서. 이것보다 더 재미있는 만주 웨스턴을 봤다면 꼭 알려주시길. 보고 싶어요. 그리고 EBS 아저씨들 이제 웬만한 한국영화들 많이 보여줬으니, 액션영화도 좀 틀어줘요. 부탁해요). 이 영화 이후로 만주 웨스턴은 시들해지고 만주를 배경으로 한 차리 셸의 태권영화가 그 자리를 메운다.

황금불상을 찾아랏! : 만주 웨스턴의 절정 「쇠사슬을 끊어라」

하여튼, 이만희 감독의 71년도 작품인 이 영화는 이전 만주 웨스턴들이 어수룩한 내용으로 간신히 만들어졌다는 인상을 주는 데 비해, 마카로니 웨스턴과 한국 깡패영화의 느낌이 혼합되어 충분히 재미를 준다. 셸지오 레오네의 「석양에 돌아오다」에서 클린트 이스트우드, 일라이 워락, 리반 클리프가 묘지에 묻힌 금을 찾아 서로의 이해에 따라 배신하고 구해 주기를 반복했다면, 이 영화에서도 장동휘, 남궁원 그리고 허장강은 티베트 황금 불상을 손에 넣기 위해 배신과 협력을 되풀이한다. 명백하게 「석양에 돌아오다」의 흔적이 보이지만, 그렇다고 자존심이 있지, 이만희 감독인데!

아슬아슬하게 모방의 단계를 넘어선 「쇠사슬을 끊어라」는 이 영화 이전에 만주 웨스턴들이 가지고 있던 재미있는 것들과 그들이 성취하지 못했던 아쉬움들을 모두 집약시켜 놓았다. 우선 소속 없는 떠돌이 건달 총잡이 장동휘, 도박꾼에 약삭빠르고 비겁하지만 매력적인 미남 건달 남궁원, 그러나 사실 미남 건달은 독립단원이다. 여기서 재미있는 것은 언제나 미남 건달은 나중에 독립군으로 밝혀진다는 점이다. 왜 미남들은 항상 독립군인가? 이 미남 캐릭터의 법칙이 어디까지 가는가 하면, 70년대 말 깡패영화와 반공물이 결합된 「제3부두 고슴도치」에서 장동휘·박노식에 이은 차세대 건달 주자인 이대근을 골탕 먹이는 약삭빠른 사기꾼, 신성일이 라스트에 가서는 특수 수사요원이었음이 드러나는 대목까지 간다. 그리하여 '미남들은 못된 짓을 하지만 분명히 뭔가 있어!'하는 순진한 편견을 굳히게 되었다.

한편 우리의 영원한 악역 허장강은 역시나 일본군 밀정으로 출연한다. 장동휘도 돈과 여자만 탐하지만, 마지막에는 조국 독립의 숭고함 앞에서 굵은 눈물을 떨어뜨리고, 남궁원이야 뭐 잘생겼으니까 당연히 좋은 놈이라는 게 드러날 거다. 하지만 우리의 허장강! 꿋꿋하게 일편단심, 돈과 여자만을 쫓으며 돈 앞에서는 충성을 맹세한 대일본제국도 엿이나 먹고, 사악함과 빠른 머리 회전으로 황금의 냄새를 추적하여 장동휘를 괴롭히고 남궁원을 고문의 나락에 떨어지게 하지만, 마지막에는 자기가 자기 꾀에 속아 넘어가 황금을 날려버리는 재미있는 캐릭터를 연기하는데, 허장강이 내뱉는 육두문자와 대사들은 60년대 말, 70년대 초 '건달들의 말투가 저런 것이 아니었을까'하는 바보 같은 생각까지 들게 할 정도로 리얼하고 재미있다. 여기에 감초처럼 변태적인 키 작은 꼬마 악당 황해가 일본군 장교로 등장해 장동휘와 남궁원을 괴롭히고, 허장강이 매번 수작을 부려보지만 마음은 장동휘에게 가 있는 미녀마담까지 등장해 구색을 맞춘다.

60년대와 70년대가 뻔뻔하게 뒤섞인 의상을 입고서 일제시대라고 우기고(장동휘의 검은 가죽 잠바, 허장강의 호피 재킷, 40년대 미국 갱이나 도박사 같은 신사복의 남궁원), 미제 톰슨 기관총, 일제 장총, 러시아제 권총, 독일 루거 권총, 중공군 따발총까지 등장하여 이게 도대체 어느 시대인지 확인하려는 사람만 바보가 되어버린다. 무국적에 짬뽕이고, 서투른 표절에 불과하며, 시대착오적이다. 오로지 장사에만 눈이 멀어 예술적 가치라곤 눈곱만큼도 안 보이고, 갓 쓰고 전기기타 치는 꼴이어서, 이런 싸구려 쓰레기 영화라고 욕할 수도 있다. "이런 영화를 치켜세우다니 너 변태 아니냐?"해도 할말은 없지만 그래도 한국영화의 고질적 특성, 라스트에서의 조국을 위한 고

해성사를 제외한다면 이만큼 악당 같은 인물들이 뻔뻔스럽게 놀아나는 영화도 드물 것이다.

초국적 카피 감각과 호혜평등 정신에 입각한 대한의 하이브리드 장르, 조용히 사라지다

재미있지 않은가? 드넓은 만주 벌판에서 말을 달리며 총을 쏘고 온갖 더러운 과거를 숨긴 채 얼굴을 찌푸리고 다니는 방랑자들, 사악한 배반자인 조선인 일본 밀정과 우국충정의 외골수 독립군들, 그들을 노리는 무서운 마적들, 놀라운 무기를 가진 군벌들과 일본군들 그리고 팔로군, 국부군, 공산혁명으로 추방된 러시아 백군들, 일본에서 건너온 떠돌이 야쿠자들, 눈앞의 이익 때문에 사람의 간도 꺼내 내다 팔 중국 상인들, 오만하고 무식한 일본 상인들, 불나방 같은 온갖 종류의 순진하고 사악하며 억센 여자들 그리고 온갖 고초를 당하면서도 살아남으려 발버둥치는 조선 농민들. 서양에서 전래된 각종 사상들이 유령처럼 떠돌고, 그들 앞에 황금이 놓여 있고, 주인공들은 욕망과 죄악의 구렁텅이에 뒤엉켜 절망과 환희 속에서 허우적거린다.

이렇게 풍부한 인물들과 이야기들이 만주 웨스턴 속에 들어가 재미있어지려는 순간, 만주 웨스턴은 이상하게도 조용히 사라져버렸다. 돈벌이가 안 됐나?

마카로니 웨스턴이 장르의 진화를 거듭하다 테렌스 힐의

코미디 웨스턴으로 자폭하기 전, 가장 왕성한 식욕을 자랑하던 60년대 말, 그들은 멕시코 혁명을 소재 속으로 끌어들여, 이전 마카로니 웨스턴의 단골 메뉴였던, 모호해진 가치 속에서 욕망만을 추구하던 무법자들에서 한 단계 업그레이드를 단행하여 혁명이란 절대적 가치를 만들어 놓고 그 속에다 무법자들을 풀어놓아 이야기를 만들었다. 우리의 만주 웨스턴은 조선 독립이라는 절대로 피할 수 없는 절대치가 이미 주어져 있었고, 그것을 마음껏 우롱하거나 의심하는, 파격을 자행하는 자유와 생각의 여유가 없었다. 서슬 시퍼렇게 버티고 선 검열 앞에서 고만고만한 자기복제와 표절로 근근이 연명하다가 사라져버린 불쌍한 만주 웨스턴.

누가 이런 종류의 영화를 안 만들려나? 재미있을 거 같은데. 하하하!

이소룡과 다정했던 한때.
무국적 불량 액션의 시대

이소룡 너의 뜻을 이어 내가 왔다 : 수상한 액션 스타 바비 킴

이소룡이 죽고, 이 땅의 액션영화들은 모두 한 지점을 향해서 파리떼처럼 모여들었으니, 이 땅에 권격영화의 붐이 일어난 것이다. 그렇다고 「강력계」「악명」 같은 범죄 액션이나 「여간첩 이순임」「특별 수사본부 외팔이 김종원」「조총련」「평양의 비밀지령」류의 반공 첩보영화와 「학도 의용군」「원산공작」「아벤고 공수군단」 따위의 국방부 지원의 전쟁영화, 「거지왕 김춘삼」「서대문 일번지」「대의」 같은 자유당 때 깡패들을 주인공으로 한 영화들이 매년 몇 편씩 만들어지기는 했지만, 봇물처럼 쏟아져 나오던 권격영화에 수적인 면에서 전혀 상대가 될 수 없었다. 줄기차게 극장 간판을 도배하던 권격영화들이 하나같이 지향하는 그 무엇이 있었으니, 그것은 바로 이소룡이었다.

저마다 이소룡의 후계자임을 암시하는 그런 광고문으로 무장을 하고, 뭔가 이소룡적이거나 이소룡을 뛰어넘어 보려는 발버둥이 홍콩과 이 땅에서 일어나고 있었다. '이소룡의 유일한 후계자 양소룡'이라든지, '이소룡을 잃은 권격 액션계에 혜성처럼 나타난 사나이' 또는 '「맹룡과강」에서 이소룡과 대사투를 벌였던 합기도 7단 황인식'……. 옮겨도 옮겨도 끝이 없는 이런 광고문들 중에서 제일 압권이었던 것은 바로 76년 작 「죽엄의 승부」였다.

광고 포스터의 상단에 미국 시절의 이소룡과 나란히 선 한 사내의 사진이 테두리를 월계수 나뭇잎으로 두르고 있고, 사진 밑에는 '이소룡과 다정했던 한때'라고 적혀 있다. 또 그 옆에는 '너 이소룡의 뜻을 이어 친구 바비 킴 내가 왔다!' 지금에야, 껄껄 웃을 일이지만 당시에는 '이 사람이 진짜 뭔가 보여줄 태권의 황제구나' '이소룡 이후에 가짜들만 판을 치는 이 무림계를 평정할 이소룡의 진짜 친구가 나타났구나'하고서 극장으로 향했던 것이다. 이소룡과 어깨를 나란히 하고 사진을 찍었던 이 양반은 미국에서 미 공군사관학교 태권도 교관을 했고, 유명했던 격투기 잡지 『블랙벨트』의 표지를 장식한 바비 킴이었는데, 찰스 브론슨과 비슷하게 기른 근사한 콧수염에 당시 까까머리 중학생부터 장보러 가는 아줌마까지 유행

이던 바지 통 14인치 반의 나팔바지가 그의 트레이드 마크였던 것으로 기억된다. 콧수염 바비 킴의 상대역으로는 이미 이두용 감독의 태권 시리즈에서 실력을 인정받은 권영문이 나왔고, 미8군에서 공수해 왔을 성싶은 흑인과 백인 악당들이 여럿 출연한다(당시 영화 제작자들은 무슨 생각을 가지고 있었는지, 액션영화에는 꼭 감초처럼 연기도 어색하고 태권도 실력도 형편없는 흑인과 백인들을 등장시켰다. 할리우드영화처럼 보이게 하려는 위장술인가? 하긴 서양 외국인이 나오면 나 같은 꼬마들은 뭔가 대단한 줄 알고 보러 가기는 했으니까). 바비 킴 주연의 영화들은 챠리 셸 주연 이두용 감독의 태권 시리즈가 휩쓸고 지나간 자리를 대신해서 메우게 되었다. 그러나 챠리 셸, 이두용 콤비의 태권영화들이 마카로니 웨스턴적이었던 것에 비해, 바비 킴 주연의 영화들은 다분히 미국 할리우드 B급 첩보 액션물의 냄새가 났다. 「007 제임스 본드」, 「샤프트」를 비롯한 흑인 액션물 그리고 「나폴레옹 솔로」 같은 첩보 스릴러들이 뒤죽박죽 혼합되어 여주인공과 주인공의 관계는 본드류의 냄새가 풍기고, 범죄 수사에는 이름도 생소하고 멋지게 보였던 인터폴(국제 경찰)이 등장하기도 했다. 이두용 감독의 태권영화들이 과거로 과거로 거슬러 올라가 일제시대가 주 무대였던 반면에 바비 킴 시리즈는 현재의 시간에 벌어지는 액션영화들이었다.

당시 최고의 인기를 구가하던 태권 스타 챠리 셸은 마구잡이 챠리 셸 표 영화들을 쏟아내어 스스로 몰락을 재촉하고 있었는데, 추석 특선 프로로 동네 극장에서 상영되었던 오토바이 액션과 여수진과의 찐한 러브신이 가미된 「후계자」, 이소룡과 협연한 황인식과 챠리 셸의 대결 「강인의 무덤」, 이두용 감독의 영화들에 비해 현저히 수준이 떨어지는 별 볼일 없는 「대비상망」「흑백대련」에 출연하였고, 결국 녹슨 쇠다리가 되어버린 「용호의 사촌들」을 끝으로 은막에서 사라지고 만다. 결국 왕호가 나오기 전까지는 바비 킴의 독무대가 된 것이다.

바비 킴 이후 사파의 무리들, 우후죽순으로 등장하다 : 편법이 횡행하는 한홍 합작영화

바비 킴 시리즈 1탄 「죽엄의 승부」는 지금도 미국에서 「K. K 훼밀리 리스트」「차이나타운2」 같은 코리안 마피아들을 소재로 한 액션영화를 만드는 태권도 유단자 박우상 감독의 의욕작으로 처음에는 제법 짭짤한 수입을 가져다 주었다. 이때까지만 해도 한국 권격 액션영화들은 큰 기대 없이 보면 그래도 봐줄 만한 것들이었지만, 한편으로 문제가 생기기 시작한 것도 이때부터였을 것이다. 바비 킴 1탄의 성공 이후 바통을 이어받은 「지옥의 초대장」「독사」까지도 아슬아슬하게 봐줄 만했지만, 「왕룡」「국제경찰」에서 한 편 만드는 척하면서 짜깁기로 두 편 만들기라는 가공할 만한 내공을 지닌 제작사와 감독에 의해 바비 킴은 사라져버리고 말았다.

유신정권의 영화법은 여러 면에서 해악을 끼쳤었는데, 검열의 문제라면 혹독하기가 지구상에서 랭킹 1·2위를 다툴 지경이었고, 일 년에 한국영화 몇 편을 만들면 외국영화의 수입판권을 주는 이상한 제도를 만들었다. 이 제도는 한편으로는 문예영화라고 해서, 관객은 안 들지언정 뭔가 생각을 많이 한 영화를 저자본으로 만들 수 있는 여건을 마련하기도 했지만, 그보다는 편법을 써서 돈 적게 들여 한국영화 제작편수를 채워 장사가 되는 외국영화를 수입할 수 있게 하는 사기 행각의 길을 열어 주었다.

그 편법적인 사기 행각 중 제일 손쉬운 방법이 이른바 위장 합작이라는 것이었다. 그 중에서도 제일 손쉬운 것이 바로 홍콩영화를 위장 합작으로 만드는 것이었는데, 지리적으로 가까운 위치에 있었던 한국과 홍콩은 70년대 초까지만 하더라도 좋은 의미에서의 합작영화들을 만들어냈다.

신상옥 감독이 홍콩 배우 리칭을 데리고 만든 「반혼녀」 같은 영화가 그 예일 것이다. 한국에서 어느 정도의 위치를 가지고 있다가, 홍콩으로 날아간 정창화 감독은 홍콩 쇼 브라더스에서 영화를 만들기 시작했는데, 그가 만든 「죽엄의 다섯 손가락」은 미국의 B급 영화 시장에서 인기를 끄는 좋은 결과를 냈지만 순전히 홍콩 자본으로 만든 홍콩 권격영화 「죽엄의 다섯 손가락」이 정창화 감독이 만들었다는 이유만으로 한국어로 더빙을 해서 합작영화가 된 채, 「철인」이란 제목으로 이 땅에 선보이게 된 것은 좀 너무했다. 그뿐인가? 남석훈·김기주·주증녀·윤일주 등의 배우들이 홍콩으로 건너가 출연한 영화 「십삼인의 무사」「철면객」「흑객」「철수무정」 같은 영화들은 순전히 홍콩영화임에도 불구하고, 단지 한국 배우가 단역 또는 조연으로 출연했다는 이유 하나만으로 한국어로 더빙되어 한국영화 제작편수에 당당히 포함되었다.

그래도 그 정도는 애교에 불과하다. 홍콩의 영화 제작자들은 70년대 초부터 한국에서 영화를 찍어 왔는데, 70년대 중반이 되어 권격영화의 붐을 타고 제작편수가 늘어나면서 한국에서 영화를 찍는 횟수가 늘어났다. 물가가 쌌고, 국보급 유적지인 덕수궁에서 촬영을 허가해 주는 아량과 눈 덮인 겨울, 관광객의 손을 안 탄 산사 등 경치 좋은 풍경이라는 로케이션 이점이 있었기 때문이다. 그러면서 자연히 한국 스텝들이 참가를 하게 되었는데, 문제는 그런 영화들이 모두 합작영화로 둔갑하여 제작사의 영화 제작편수를 늘려 돈 버는 외국영화를 수입할 티켓으로 되어버린 것이다.

그래도 그것까지는 괜찮다. 위장 합작으로 벌이가 제법 괜찮아진 영화사들은 이젠 더욱더 대담한 수법을 쓰기 시작한다. 홍콩에서 데려온 의사 소통이 안 되는 주연급 배우와 시나리오를 못 본 한국의 주연 배우는 감독이 시키는 대로 한 장소에서 의상을 바꿔 입으며 여러 장면과 다른 상황을 촬영했고, 감독은 편집실에서 모두들 한 편의 영화라고 알고 촬영한 영화를 짜깁기해 두 편으로 만들어 이후 에로영화에서 꽃피우게 된 제작 방식의 전통을 만들어냈고, 또 아예 합작과는 아무런 관계없이 홍콩영화를 아주 값싸게 사들여 한국에서 찍은

30분가량의 필름을 여기저기 끼워 '강제 합작!'시키는 영화까지 등장했다.

그 영화의 제목은「칠협팔의」로, 영화가 시작되면「사대천왕」에서 멋지게 나왔던 진성·장익·금강이 대의를 위해서 모이게 된다. 그런데 한참 흥미진진할 때 갑자기 화면이 바뀐다. 색깔도 울긋불긋 볼 만하고 깨끗했던 진성이 나오던 장면에 비해 마치 시력이 안 좋은 사람이 안경을 안 끼고 보는 영화처럼 흐릿한 화면에 색깔이라고는 온통 회청색 일색에 한국에서 찍은 것이 틀림없는 장면이 시작된다. 그러면「월하의 공동묘지」에나 어울릴 만한 음악이 나오며, 지금까지의 줄거리와는 전혀 관계가 없는 두 명의 사내가 이상하게 후져서 웃기도 뭐한 중국 귀신 비슷한 옷을 입고 대사도 없이 카메라를 향해 고속 촬영으로 한없이 걸어온다. "저게 뭐지?"하고 의아해 하던 우리들은 "뭐 나쁜 놈들이 주인공들을 향해 오는군" 하고 생각하면서 영화를 계속 본다. 다시 눈에 도수가 잘 맞는 안경을 쓴 것 같은, 홍콩에서 찍은 영화로 바뀌며 친구들의 위험을 알아차린 진성이 죽음을 향해 달려간다. 그때 갑자기 수풀 속에서 부비트랩으로 설치된 철포환이 발사되어 진성의 몸을 꿰뚫는다. 마지막 일격의 포환은 진성의 엉덩이 사이로 날아가고 진성은 금세 피투성이가 되어 허무하게 뜻을 펴 보지도 못하고 쓰러진다. 우리가 진성의 장렬한 최후에 감탄하려는 그 순간! 다시 그 흐릿한 화면의 두 남자가 등장하면서 극장 안은 술렁거리기 시작한다. "뭐야 저거!" "에이 씨팔!" 좀 재미있어질 만하면 나타나 관객의 집중력을 흩뜨리는 두 남자의 장면은 아무런 설명도 없고 괴상한 음악 속에서 계속 어디론가 걸어갈 뿐이다.

그런 과정을 몇 번 반복하다가 나중에는 아예 '배 째'란 식으로 지금까지 나오던 홍콩영화의 배우들과 스토리는 사라지고, 어디론가 걸어가던 두 명의 괴한 앞에, 어디서 나타났는지 이름 없는 한국 배우가 나타나, 저기 어디 서오능인지 아니면 개발이 되기 전의 선릉인지, 하여튼 그런 곳에서 싸움을 시작한다. 물론 지금까지의 스토리와는 아무 상관도 없다. 좋은 액션 시퀀스가 되려면 그 안에 드라마가 있어야 하는데, 제길 그런 건 엿이나 바꿔 먹고, 당시 유행하기 시작하던 발보다는 손으로 합을 겨루는 지루한 비무가 드디어 관객들의 분노를 폭발시킨다. 그래도 우리는 '조금만 더 참자, 그러면 다시 금강과 장익이 나타나는 홍콩영화로 돌아가 이 영화의 결말, 그들은 어떻게 나라를 구하는가가 보여질 거야'라고 굳게 믿고 참는다. 그러나 더럽게 재미없는 그들의 손 부딪치기 발 부딪치기는 계속되고 인내가 한계점에 다다랐을 무렵, 싸우던 자들이 3분간에 걸쳐서 쓰러질 듯 쓰러질 듯하다가 죽어버리고, "이야! 죽었다. 그럼 다시 금강과 장익에게로……"하는데, 어라? 붓으로 휘갈긴 글씨로 '안녕히'가 화면에 새겨지고 극장 안에 불이 켜진다. 뜨악! 내 주위에 있던 장발의 액션영화광들은 어이가 없는지 왁자지껄 웃음을 터뜨리고, 나와 친구들은 아무 말 없이 전철역을 향했다. 당시 서울에 있던 아세아 극장에 선생들의 단속이 심해 멀리 안양까지 원정을 와서 본 영화였는데, "이 영화 어떤 새끼가 보자고 했어?"하고 누군가 분통을 터뜨렸을 때 나는 그저 "살려만 줘"하고 똥개처럼 꼬리를 살랑살랑 흔들었지만 친구들은 서울로 오는 전철 안에서 나하고는 한마디도 안 했고, 그 후로 난 무협영화에 관한 한 성룡 주연의 「사학비권」으로 다시 신의를 회복할 때까지 왕따가 되었다.

누가 불량 식품을 맛좋다 했는가 : 줄기찬 무단 복제의 퍼레이드

그 후로 권격영화를 보는 것이 마치 도박처럼 모 아니면 도라는 식이어서, 전문 도박사 이상의 감식안을 가지지 않으면 영화 때문에 친구 잃고, 돈 잃고 심지어 왕따까지 당하는 수모를 겪게 되었던 것이다. 그런 와중에도 권격영화들은 줄기차게 상영되었다. 소림사 열풍이 이 땅을 휩쓸면 「소림사 '뭐뭐뭐'」란 제목의 영화가 온 극장을 휩쓸고, 「소림사 주방장」에 이르러서는 밥솥에서 긁어낸 누룽지가 악당의 목을 향해 날아가 꽂히는 비장의 살인 무기로 둔갑하는 운명에 이르고, 당시 무명의 조연 배우 성룡이 「정무문」의 속편 「신 정무문」에 출연하여 '「정무문」 속편'의 바람을 불러일으키자, 「속 정무문」 「정무문 '81」 「불타는 정무문」 등이 등장해 결국 정무문을 잿더미로 불태워버렸다. 그러고도 모자라 「용쟁호투」까지도 지옥에서 불러들여 「돌아온 용쟁호투」를 만들었으니, 「신 당산대형」은 안 만들었냐고? 당연히 만들었지. 「오룡대협」이라는 위장 합작영화에서 기존의 권격 액션에 코미디를 가미시킨 성룡의 코믹 액션을 시발로 「취권」의 강풍이 이 땅을 강타하자, 코미디 무협 「취권」은 이 땅에서 간지럼을 태우는 무술로 천하를 휘어잡는 「소권」, 에로영화인지 무협영화인지 하여튼 사랑을 하면(예뻐지지 않고) 싸움을 잘하게 되는 「애권」, 원숭이 권법을 휘두르는 「원권」, 매에서 따온 「매권」 등으로 줄기차게 복제되다가 급기야 유치원생도 웃을 만삭의 임산부 배를 방불케 하는 뚱보들의 배치기 무협 「복권」에 이르러서는 소화 불량에 걸리고 만다(왜 돼지를 응용한 권법 「돈권」은 만들지 않았을까?). 이런 유(流)의 개그 같은 무협영화들은 향후 10여 년간 이 땅의 무협 액션들이 정말로 불량 식품임을 당당히 증명해 보였고 「장군의 아들」과 「테러리스트」로 액션영화 관객들을 다시 불러 모으기 전까지 이 땅을 액션영화의 황무지로 만들어버린다.

1970년대 초등학교의 교문에서 한 100여 미터 떨어진 으슥한 골목에는 조무래기들을 기다리는 늙수그레한 아저씨들이 있었다. 모래내의 어느 천변 판자촌에서 비실비실 눈치를 보며 기어 나왔을 법한 그들은 없는 밑천으로 코흘리개들의 10원짜리 동전을 우려낼 요량으로 야바위 짓을 했다(아마도 교도소에서 갓 출감했거나 매일 마셔 대던 술을 끊고 새 출발을 위해서였을 것이다). 우리들은 매일 속으면서도 그 앞에 웅크리고 앉아 어느 사발 속에 콩알이 있는지, 눈에 불을 켜고 찾으려다가 만화 보려고 꼬불쳐 두었던 돈을 다 날려버리곤 했었다. 나는 1976년부터 1980년까지의 한국 무협 액션영화들을 생각할 때마다 코흘리개들의 돈을 우려내던 그 야바위꾼들을 생각한다. 장사 밑천은 없지, 그렇다고 빽이 있나. 그래도 먹고는 살아야지, 제2의 이소룡이 되기 위해 청운의 뜻을 품고 라면으로 몸을 만들며 십팔기를 연마하던 수많은 짜가 이소룡들. 이소룡 영화를 능가하는 멋진 무협 액션을 만들어 보려던 액션광 감독들. 그들이 기웃거리던 충무로의 다방들과 대포집들 자리에는 이제 빌딩들이 들어섰다. 강산이 두 번 바뀐 지금, 그들은 어디서 무엇을 할까? 지금에 와서야 이렇게 웃으면서 말하지만 당시 그들에게는 생존에 관한 문제였을 터이니 쌍욕을 할 수도 없고, 쓸쓸하기만 하다.

실망만 안겨 주고 떠난 서울서 온 사나이들
(The Man From Seoul)

지존의 길은 멀고도 험하니 : 서울서 온 비운의 스타들

 사람 사는 모습이 다 그렇지만, 힘 있는 사람 밑으로 들어가려면 그만큼 시련이 따르기 마련이어서, 싸움 잘하는 놈이나 공부 잘하는 반장에게 맛있는 도시락 반찬 바치기, 노래나 이빨로 장기 자랑과 아양 떨기 따위를 해야 그들의 측근이 되어 태평성대의 국물이라도 얻어먹는 것이고, 소림사에 들어가 무술을 배우려면 마당 쓸기 삼년, 물 길어 오기 삼년, 뭐 이런 식으로 시험 기간을 거쳐야 기회가 오기 마련이다. 할리우드에 입성하기 위해 성룡은 「캐논 볼」에서 거의 침팬지 수준의 치욕적인 연기를 했었고, 오우삼은 테스트용 삼류 액션을 찍어야 하는 수모를 견뎌냈었다. 이소룡 역시 「쿵푸」의 주연자리를 데이비드 캬라딘에게 빼앗긴 뒤 할리우드에 엄청 삐져 홍콩에서 다시 시작하는 고통을 감내해야만 했다. 하지만 그들은 거기에 굴하지 않고 끝없이 할리우드로 러브레터를 날렸고 '홍콩서 온 사나이'라는 서부극의 떠돌이 건맨과 유사한 신비한 동양 무술 사나이라는 이미지를 대 할리우드 선전용으로 끝없이 만들어 내서 지금의 성공을 이루게 된 것이다(양소룡의 「홍콩서 온 불사신」 그리고 왕우의 「스카이 하이 (영어 제목이 '홍콩서 온 사나이 The Man From Hong Kong')」 같은 영화들이 그 예이다). 그런 영화의 줄거리는 대부분 성룡의 「러시아워」와 비슷하다(미국에서 중국인과 관련된 범죄가 일어나고, 홍콩에서는 무술의 달인인 홍콩 형사를 급파한다. 홍콩 형사는 문화적인 차이로 가끔 엉뚱한 짓을 하기는 하지만 결국 수많은 난관을 돌파하고 악당들을 쳐부순다는 판에 박힌 이야기들이었다).

산 속의 기암괴석과 여자 머리카락까지도 수출하여 근대화를 향해 달리던 변방의 강철 국가 한국에서도 국위 선양과 외화 벌이를 위해 할리우드는 너무 멀고, 좀 가까운 홍콩으로 건너가려 안간힘을 쓰던 그런 시절이 있었다. 클론이 대만에서 성공하고 보아가 일본에서 성공하는 것을 외국 진출이라고는 한다. 그러나 70년대 초에서 말까지 홍콩으로 건너간 서울서 온 사나이들의 경우는 진출이라고 말하기엔 가슴 아픈 사연이 많다. 그들에 비하면 성룡이나 오우삼은 정말이지 행복한 경우다. 아니, 실패의 쓴 잔을 마시고 홍콩으로 조용히 돌아온 임영동도 할리우드에서 후지건 뭐하건 영화를 찍어 봤으니,

그 역시 행복한 경우다. 할리우드 진출은 고사하고, 홍콩진출이라는 모험 앞에서 패배의 쓴 잔을 마신 '서울서 온 사나이들'이 있었다. 이제부터 눈물 없이 볼 수 없는 비운의 태권 스타들에 대한 이야기를 해 보겠다. 자, 손수건을 한 장 준비하시라. 믿거나 말거나.

이소룡의 뒤를 이은 대한의 건아, 그러나! : 「사망유희」의 김태정

이소룡이 저 세상 사람이 되고 몇 년이 지난 후, 이소룡의 유작 「사망유희」가 만들어지게 된다는 소문이 날아들었다. 이미 죽어버린 이소룡을 대신할 주연 배우를 찾는데, 홍콩 사람은 물론이요, 한국인이라도 이소룡과 외모가 흡사하고, 무술이 능한 사람이면 누구나 「사망유희」의 주연으로 발탁되어 이소룡의 대를 잇는 쿵푸 스타가 되리라는 엄청난 소식이었다. 소문의 진위를 가리는 난상토론부터 시작하여 갑론을박 끝에 소문이 진짜라고 판정나자(워낙 유언비어가 많던 시절이라), 나이도 어리고 이소룡보다는 홍금보를 더 닮았던 나는 곧 포기하고 말았지만, 미스 코리아를 꿈꾸는 소녀들처럼 내 주위의 많은 청년과 소년들이 헤어스타일을 이소룡식으로 고쳤다(물론 중학교에 갓 입학한 까까머리는 나의 포기 결정에 큰 힘이 되어 주었다). 그래서 동네 당구장엘 가면 이소룡의 잠자리 안경과 넓은 깃의 셔츠 그리고 나팔바지, 굽 높은 이소룡 구두를 갖춘 죽돌이들을 볼 수 있었고, 조금이라도 이소룡과 비슷하게 생긴 아이들은 주위의 부러움과 기대를 한몸에 받으며 십팔기 도장에 등록하여 무술을 갈고 닦았으며, 동네 골목에 모인 아이들은 저마다 이소룡의 괴조음을 누가 더 비슷하게 내는지, 누구 얼굴이 분노에 찬 이소룡의 찡그린 모습과 비슷한지 해가 저물도록 다투다가 집으로 돌아와 희망찬 내일을 위해 다시 한번 거울 앞에서 이소룡 흉내를 열심히 복습했다. 하지만 아무리 연습해도 나는 이소룡이 아니었고, 아무것도 모르는 부모님에게 짜증을 내며 왜 날 이소룡과 닮게 낳아 주지 않았냐고 속으로 원망을 했던 것이다.

그러던 어느 날 「사망유희」가 완성되었고, 그 영광된 이소룡의 후계자는 바로 자랑스런 한국인(!)이라는 사실에 모두의 질투와 선망의 탄식이 오갔다. 차라리 홍콩 사람이 이소룡의 대역이었더라면 포기하고 말 텐데. 한국 사람이라니, 그러면 내게도 기회가 있었을 거 아냐, 어떤 놈인지 이소룡을 욕되게만 해 봐라 벼르며 스카라 극장에서 개봉된 「사망유희」를 보러 갔다. 그런데 "씨팔 저게 뭐야" 질투는 어느새 "그거 봐라, 저런 놈을 이소룡의 후계자로 하다니, 얼굴도 제대로 안 나오고, 별로 닮지도 않았고, 무술도 못하고……" 그래서 우린 로버트 쿠르즈가 만든 「사망유희」를 이소룡 영화의 목록에서 삭제시켜버렸다.

금의환향을 꿈꾸며 홍콩으로 떠난 액션맨들 : 남석훈, 황인식, 황정리

일명 당룡이라 불리운 「사망유희」의 이소룡 대역 김태정이 엄청난 화제의 주인공이긴 했지만 그가 처음 홍콩으로 건너간 액션 배우는 물론 아니다. 태권도라는 무술에 홍콩 영화인들이 관심을 가지기 시작한 것은 검술영화에서 권격영화로 진화를 시작하면서부터이다. 이소룡의 영화 등장 이후, 화려한 발차기의 소유자들이 주인공으로 환영을 받으면서, 발차기를 잘하는 한국의 태권 액션 배우들이 홍콩인들의 관심을 끌게 된 것이다. 물론 그들은 그 이전에 한국의 「미워도 다시 한번」 같은 멜로영화들이 홍콩과 대만에 소개되면서 한국영화에 관심을 가졌고, 리칭 주연의 「스잔나」가 한국에서 히트를 치자 리칭 주연의 그 비슷한 멜로물들이 합작으로 몇 편 나오기도 했지만, 홍콩과 한국영화의 밀월 관계는 액션영화로부터 본격화되었다고 해도 틀린 말은 아니다.

당시 전성기를 구가하던 신필름에서 배출된 스타들이 홍콩으로 건너가 조역들을 맡은 것을 시작으로, 많은 한국 배우들이 홍콩으로 건너갔다. 그중 남석훈이 비교적 일찍이 많은 활약을 한 한국 배우다. 남석훈은 주로 쇼 브라더스의 영화들에서 조연으로 활약했는데, 그중 알려진 것이 「십삼인의 무사」와 「십사인의 여걸」이다. 두 영화 모두에서 남석훈은 비열한 악한으로 나오는데 특유의 콧수염과 악한답게 생긴 얼굴이 톡톡한 구실을 했다. 「십삼인의 무사」에서는 성주의 네 번째 아들로 출연, 같은 형제인 깡따위와 적룡을 죽음으로 몰아넣고 종래는 아버지와 자신의 목숨까지 파멸로 이르게 하는 비열하고 질투심 강한 역할을 해냈고, 「십사인의 여걸」에서도 오랑

캐의 장수로 나와 악랄한 연기를 했던 것으로 기억된다. 그는 「생사투」라는, 제목마저 피비린내가 자욱한 영화에서 역시 더러운 악역을 했었다. 그 외에 내가 보지 못한 영화들도 꽤 많을 것으로 생각된다. 기분은 나쁘지만 홍콩과 일본에서 할리우드로 건너간 많은 동양 배우들이 대개 그렇듯이 우리 나라의 배우들도 홍콩으로 건너가 거의 모두가 악역을 맡았다. 그는 홍콩에서 배운 액션의 노하우를 가지고 한국으로 돌아와 자신이 직접 감독·주연을 맡은 「악명」으로 감독 데뷔를 하였는데, 홍콩에서 친분이 있던 배우들과 특수 효과팀들의 도움을 받아 호수에서 보트가 폭파되는, 총이 나오는 권격영화라기보다는 미국식 액션영화를 만들었다. 의욕적인 첫 영화의 흥행이 실패였는지는 확인할 수 없지만 이 영화 이후로 그의 이름은 슬그머니 자취를 감춘다. 홍콩으로 돌아갔다는 소문만 간간이 들렸을 뿐이다.

남석훈이 무술보다는 액션 연기로 승부를 걸었다면 권격 스타는 역시 황인식과 황정리였다. 황인식 역시 비교적 홍콩 권격영화 초기부터 활약을 했었는데, 뛰어난 무술 실력과 험악한 인상으로 단골 악역을 맡았었다. 그중 가장 기억에 남는 것이 이소룡의 「맹룡과강」과 성룡의 「사제출마」이다. 「맹룡과강」에서 황인식은 이소룡과 대결하기 전, 태권도 품세 중 하나인 석굴암의 금강역사 자세를 잡는다. 그런데 극중의 역할은 일본 가라데 무술가였으니 이거 웃어야 할지 울어야 할지. 그러나 「맹룡과강」과 달리 「사제출마」에서는 원폭과 같은 발차기로 존재감을 당당히 발휘하는데, 발차기를 할 때마다 노란 흙먼지가 일어나고, 발차기가 성룡의 가슴에 작렬하는 순간 성룡은 4미터를 날아가 쓰러져버린다. 그것은 당시 홍콩의 어떤 액션 배우들도 따라올 수 없었던 통쾌무비한 발차기였다고 생각된다. 황정리 역시 화려한 발차기로 성룡의 「취권」과 「사형도수」에서 멋진 악역을 맡는다. 전광석화 같은 그 발차기가 있었기에 성룡의 코믹 연기는 살아날 수 있었을 것이다. 뭐, 황인식이나 황정리 정도의 배역이라면 꽤 괜찮다. 멋진 악역이 얼마나 만들어지기 힘들다는 것을 알고 그들의 얼굴로는 도저히 주인공이 될 수 없다는 것을 인정하니까. 그러나 황인식과 황정리의 경우는 아주 드문 성공적인 경우이고, 비극은 이제부터 시작인 것 같다.

홍콩 유학에서 한홍 합작까지 : '찰나' 출연의 왕호, 권용문

홍콩에서 여러 차례의 스카웃을 제의해 어렵사리 마음의 결정을 내리고 홍콩으로 건너갔다던 왕호와 이두용 감독의 차리 셸 시리즈에서 악역으로 활약했던 권용문의 경우는 씁쓸하다. 왕호는 피스톤 킥이라 불릴 정도로(이건 챠리 셸의 다리 힘이 모자라 휘청거리는 수준과는 차원이 다르다. 삼 단계 파워 업그레이드 발차기이다) 전광석화 같은 발차기의 소유자였는데, 그가 진기명기류의 프로그램에 출연하여 두께가 4센티는 될 것 같은 물 펌프의 무쇠 손잡이를 수도로 절단내고 손에 붉은 피를 철철 흘리는 장면을 보고 우리는 왕호의 팬이 되기로 결심했었다. 그리고 그의 홍콩 진출 제1작「사대문파」가 개봉되자 우리는 두근거리는 가슴을 안고 무쇠 덩어리를 자르는 그의 파워를 온몸으로 느끼고자 맨 앞자리에 앉았다. 영화가 시작된다. '어, 왜 안나오지?' 영화가 중간에 이른다. '이거 뭐야? 빼먹은 거 아냐?' (당시 영화는 하도 많이 잘라서 우린 항상 이런 공포를 가지고 있었다.) 영화의 중심 인물인 사대문파들이 다 소개되고 이미 이야기에 관계된 나올 만한 이들은 다 나왔는데 나의 왕호는 안 나온다. '이거 뭐야? 우리가 영화관을 잘못 찾아 온 거 아냐?' '아! 정말 안 나온다.' 우리의 왕호는 영화가 다 끝나갈 무렵에도 나오질 않다가, 앗! 갑자기 떼거리로 머리를 빡빡 깎은 소림사 중들이 몰려오고, 그중 선두에 섰던 중이 주인공인 악당 진성을 향해 피스톤처럼 킥을 날린다. '저거 왕호다!' 극장 안이 떠나갈 듯 환호성을 지르고 우리가 기쁨을 맛보려는 순간, 왕호의 장면은 사라지고 다시 착한 주인공들이 나타나 악당들을 평정하고 떼거리로 몰려왔던 중들 속으로 왕호의 모습은 사라져버리고 만다. 침묵. 왕호가 불쌍해.

「사대문파」이후「중원호객」을 비롯한 몇몇 영화에서도 역시 반짝 출연에 만족해 했던 왕호는 홍콩에 간 지 삼사 년 뒤에도 역시 그 모양 그 꼴이어서, 본의 아니게 나의 가슴에 다시 한번 못을 박는데,「생사결」이라 알려진 꽤 괜찮은 무협 영화가 들어왔고, 조연급으로 왕호와 이두용 감독의 태권 시리즈에서 활약했던 권용문의 이름이 극장 간판에 커다랗게 써 있는 것이었다. '오호라! 그들이 드디어 홍콩에서 성공했구나.' 그런데 「사대문파」의 경우처럼 영화가 시작되고도 삼십 분이 지나도록 나오지 않다가, 어라? 호피를 걸친 어리버리한 더벅머리 총각이 커다란 도끼를 짊어지고 나온다. '저거 왕호 아냐?' 그런데 다음 신에서 연을 타고 날아오는 일본의 닌자들에게 무참히 살해당하고 만다. '단 두 신만 나온 거야? 왜 나온 거지?' 날 더욱 실망시킨 것은 권용문이었는데 그는 늙은 중으로 나와 발차기 한 번 안 하고 사라져버린다. 「사대문파」의 경우보다는 캐릭터가 보이고 죽을 때도 꽤 비장스런 모습을 보이기는 하지만 무쇠 덩어리를 수도로 무 썰듯 자르고 붉은 피를 철철 흘리던 그 왕호는 이렇게 홍콩 권격영화의 변두리에서 머물다가 한국으로 돌아온 것이다. 보는 나도 기분이 안쓰러운데, 항상 악역만 하고 멍청한 모습으로 잠깐 나와 발차기 하나만 선보였을 배우들은 오죽 자존심이 구겨졌겠는가.

그래서 그들은 '좋다, 한국에선 내가 알아주는 주연급 배우다'하면서, 한국으로 돌아와 권격영화의 중흥을 외치고 몇 편의 영화를 만들었는데, 그 의욕적인 출발작이 「사대철인」이었다. 무술이 월등하게 뛰어난 적을 무찌르기 위해 주인공 왕호는 일부러 적의 창이 자신의 배를 관통하게 하고 적과 포옹하여 자기 배에 꽂힌 적의 창으로 자신과 적이 함께 죽는 장렬한 라스트를 만들려 했는데, 이것은 몇 년 전에 상영되어 액션 팬들을 감동시켰던 「소림사 십팔동인」과 「소림사 십대제자」

에서 다 보았던, 자신의 몸을 부비트랩으로 만들어 적과 함께 가미가제식으로 자폭하는 라스트를 흉내 낸 것이다.

뭐 그건 그렇다 치고, 왕호는 적과 함께 자폭하려는 순간 적에게 "하하하! 자식 넌 속은 거야. 넌 이제 무기가 없어. 내 뱃속에 들어와 있잖아. 넌 이제 너의 창으로 죽을 거야" 하며 관객이 이미 다 알고 있는데도 친절하게 설명조의 대사를 늘어놓고, 죽어 가는 사람에게는 한참 오버인 승리의 너털웃음을 웃어 관객들의 김을 빼놓고, 이미 예상된 자폭을 감행하여 장렬해야 할 왕호의 최후는 오히려 비웃음을 사게 된다. 저질 한홍 합작의 폭격으로 이미 권격팬들이 사라져버린 불모지에서 이미 철 지난 홍콩영화의 모방작들은 그들에게 썰렁한 찬바람을 선사했을 뿐이었다. 그들은 홍콩에서 발차기를 멋있게 찍는 방법만 알아 왔지, 이야기를 어떻게 만들어야 할지는 관심 밖이었거나, 잘 몰랐던 것 같다. 홍콩영화의 서투른 모방처럼 보였던 그들의 영화는 번번이 홍행 참패였고, 80년대 이후로 은막에서 자취를 감췄다. 지금은 어디서 왕년의 배우 사진을 벽에 걸어 놓은 마음씨 좋은 태권도 사범으로 조무래기들을 가르칠지, 아니면 왕년의 영화를 되새기며 쓴 소주잔을 들이키고 있을지 오직 하늘만이 알 일이다.

이유 있는 그러나 서툴렀던 몸부림 : 액션영화의 콤플렉스

아마도 그들의 꿈은 홍콩 액션영화를 능가하는 무술영화를 만들고, 더 나아가 할리우드영화를 능가하는 멋진 액션영화를 만드는 것이었을 것이다. 그래서 오우삼이나 서극처럼 할리우드까지 진출하는 것이 그들의 최종 희망이었을 것이다. 사실 액션영화라고 하면 재미있게 보기는 할지언정, 있어도 그만 없어도 그만이라고 생각하기 마련이다. 더구나 좀 점잖은 취향의 관객들이 그런 영화는 그저 애들이나 철없는 어른들이 보는 영화라고 치부하면 다행이고 저질·폭력 운운하며 더욱 검열을 강화해야 한다고 목청 높이면 이건 정말 죄지은 사람이 되기 십상이다. 그러니 액션영화를 만드는 사람들은 멜로나 문예영화를 만드는 사람들에 비해 자신들이 저질 또는 뭔가 열등하다는 콤플렉스에 빠지게 된다. 결국 이렇게 인정을 못 받는 현실에서 탈출하는 길은 오로지 흥행으로 보상받는 것이고 더 나아가 할리우드 진출뿐이라 생각했던 것 같다. 그래서 그들은 홍콩영화와 할리우드영화 같은 영화를 만들려고 노력을 했지만 그것은 서투른 흉내 내기로 보였고, 열악한 상황은 그들을 결국 자포자기에 이르게 만들었다. 할리우드영화가 아니고 홍콩영화가 아닌, 자신만이 할 수 있는 것이 무엇인지, 홍콩 애들이 자기를 스카웃했을 때 자신의 장점이 무엇이었는지 알지 못했던 그들은, 자신들만이 할 수 있는 이야기를 하기엔 너무 몰랐거나 순진했지 않았나 싶다.

얼마 전 왕호가 홍콩으로 갔을 때 사용했던 영어 이름을 알고 쓸쓸하게 웃었던 기억이 있다. 그의 영어 이름은 '카사노바 왕'이었다. 그가 군에서 태권도 챔피언을 먹었던 경력의 소유자였던 사실이 오버랩되면서 이런 생각이 든다. 무술 배우가 웬 카사노바? 순진한 건지 아니면 동네 양아친지.

할리우드와 홍콩영화의 폭격에 한숨만 쉬며 할리우드와 홍콩 콤플렉스를 극복하지 못한 그들은 그렇게 사라져버렸다. 손수건 괜히 준비했다고? 젠장, 한두 번 속아 보나.

나는 왜 그렇게 장철 영화를 좋아하나.
장철교 신자의 신앙고백

(여기서부터는 한국 액션영화가 아닌 홍콩 액션영화들에 관한 글이다.)

사부님들 나에게 장철을 알려 주다

한쪽 팔을 옷 속에 숨기고 텅 빈 옷소매를 펄럭거리며, 팔 한 짝이 없는 병신들이 되어 나무 작대기를 들고 동네 공터를 누비던 우리 조무래기들 중 하나가 중요한 질문을 내던졌다. 누가 진짜 외팔이인가? 난 주저 없이 이렇게 외쳤다. "박노식이야!" 그 옛날 삼촌이나 형들은 데이트할 때 아직 초등학교도 안 들어간 나 같은 꼬마들을 데리고 다녀야 부모님이 겨우

데이트 허락을 내렸기에, 난 그들이 데이트할 때마다 보는 수많은 영화들을 곁다리로 보아 왔었고, 얼마 전 박노식의 외팔이를 본지라 아주 당당하게 "외팔이는 박노식이야"하고 큰소리 쳤다. 그러자 다른 놈이 지지 않고 외친다. "아냐 이대엽이 외팔이야." 순간 나의 신념이 흔들린다. "맞아, 이대엽도 외팔이였어." 어, 그런데 다른 한 놈이 모두가 틀렸다는 듯 딴지를 건다. "병신들, 김희라가 외팔이야." 저마다 자기가 본 영화의 외팔이만이 진짜 외팔이라고 우기기 시작하는데, 그 싸움은 끝이 없었다. 그런 우리들 앞에 석양을 등지고 검은 중학생 교복에 빡빡 깎은 검은 대가리, 검은 뿔테 안경을 쓴 동네 노는 형이 나타났다. 그리고 그의 한마디에 우리들의 말싸움은 끝이 났다. "임마 진짜 외팔이는 중국놈이야. 왕우의 「의리의 사나이 외팔이 獨臂刀 '67」 봤어? 그게 진짜야. 우리 나라에서 만든 건 다 가짜라구!" 쿠구구쿵! 아! 나의 박노식이 가짜 외팔이라니. 동네 노는 형의 말은 언제나 진리였다. 그는 일찍이 초등학교 시절부터 진짜와 가짜를 구별하는 탁월한 감식안을 지녔었다. 그는 일찍이 홍콩 무술영화를 섭렵하여 그 위대함을 깨닫고, 짝퉁이 한국 무술영화에 현혹되지 말고 어서 진짜 중국 무술영화의 세계로 향할 것을 계시하셨던 것이다. 그 후 동네 노는 형은 1970년대 말까지 우리 나라에서 개봉하는 홍콩과 한국의 모든 무술영화들을 한 편도 빠짐없이 보겠다는 원대한 계획을 세우셨고 실천하셨다는 위대한 전설을 남겼다 (홍콩과 한국의 무술영화를 모두 섭렵하신 동네 노는 형은 그 후로도 여전히 검은 뿔테 안경을 쓰고 극장가를 지키시다가 영화 잡지의 편집장이 되고, 영화 평론가가 되었다는 전설이 있다. 믿거나 말거나). 진실이 무엇인지를 알게 된 나는 왕우에게 흠뻑 빠져서 우리 나라에 개봉된 모든 왕우 영화들을 진공 청소기처럼 빨아들이고 다녔고, 그것도 모자라 같은 반 아이들에게 왕우 영화를 본 것이 있으면 이야기해 달라고 하드를 사주면서 졸라, 내가 못 본 여러 편의 왕우 영화 정보를 알아내었다 그리고 또 한명의 사부가 나타났다. 그는 여자의 알몸 사진집을 학교로 가져와 우리들을 새로운 세계로 인도하여 아이는 다리 밑에서 주워 오는 것이 아니라는 것을 알게 해주었던 선구적 인물이었는데, 자기가 모든 왕우의 영화를 보았다는 것이다. 나는 그 날부터 그의 책가방을 집까지 들어 주겠다며 왕우 영화 이야기를 해 달라고 졸랐다. 그의 집은 서울역 앞 대우 빌딩 뒤편의 양동 창녀촌이었다. 그래서 난 본의 아니게 어린 나이에 못 볼 것을 너무 빨리 보아버렸고, 그 대신 왕우가 나왔다는 「십삼인의 무사」와 「복수」 이야기를 들었다. 너무나 보고 싶었지만 5, 6년 전의 영화였고, 지금처럼 비디오가 있던 시절이 아니었으므로 그 영화를 본다는 것은 사실 불가능해 체념하고 있었는데, 아! 또 하나의 사건이 벌어졌다. 난 이것을 계시라고 믿는다. 태릉 어딘가로 소풍을 가서 그 근처 배나무 밭에서 배 하나씩 깎아 먹고 집으로 가던 도중, 청량리 근처 어떤 극장의 간판에 「십삼인의 무사」가 걸려 있었다. 피가 거꾸로 치솟으며, 난 다음 정거장에서 내렸고 달려가 보았다. 그러나 그 영화는 왕우가 나오는 영화가 아니었고, 그 대신 나는 운명적으로 적룡과 깡따위를 만나게 된 것이다. 고마워요 사부님들.

이제 나 혼자 장철을 찾아 나서다

왕우와 적룡, 깡따위의 영화들을 찾아다니다 운명적으로 마주친 인물이 있었다. 감독 장철. 초등학생 때였어도 알 건 다 알았다. 장철 영화가 얼마나 매혹적인지를. 이 세상이, 영화 속의 주인공들처럼 마지막에 승리를 거두고 행복해지는 곳이었다면 난 장철 영화와 만나지 못 했을 것이다. 불행하게도 나는 키 크고 센 놈은 약한 아이들을 괴롭히고, 공부 잘하는 놈들은 또 그놈들 방식으로 약한 애들을 괴롭히고, 괴롭힘을 당하다 나보다 약한 놈이 있으면 나 역시 약한 애를 괴롭히는 그런 세계에서 살고 있었다. 따뜻해야 할 집이라고 돌아와 보면 온 식구가 좁은 단칸방에서 살아야 했고, 어디 연탄가스 새는 곳이 있나 없나 킁킁거리고서야 잘 수 있었던 그런 시절에, 자신이 죽는 대가를 치르고서야 원하는 것을 얻을 수 있는 장철 영화의 주인공들은 거짓말 같은 징악(懲惡)영화들 사이에서 당당히 빛나 보였다. 「수호지 무송전 快活林 '72」은 이미 고우영의 수호지를 마스터했던 나에게 충격이었다. 거두절미! 그렇다. 필요 없는 것 다 빼고 본론만 말하는 쌈빡한 영화, 그것이 「수호지 무송전」이었다. 영화가 시작되자마자, 무송(적룡)이 반금련의 목을 보자기에 싸들고 술집 2층에서 술을 먹고 있던 서문경에게 던진다. "받아라! 반금련의 목이다!" 서문경이 놀라 자빠질 틈도 안 주고 무송이 달려들어 서문경을 1층으로 집어 던진다. 1층 바닥에 큰 대자로 뻗어버린 서문경이 정신 차릴 새도 없이 무송은 칼을 세워 2층에서 뛰어 내리며 서문경의 배위에 칼을 푹! 꽂아 넣는다. 이렇게 박진감 넘치는 첫 장면이 있다니. 이게 끝이 아니다. 마지막 결투. 그를 보살피는 척하다 배신한 일가를 몰살하는 피를 뒤집어 쓴 야차 무송이 남아있다. 적은 무송의 팔을 칼로 찌르고 물어뜯어 걸레로 만들어 버린다. 너덜너덜 간신히 살점이 붙어 있는 팔. 무송은 모두를 죽이고 몰살된 시체를 타고 넘어가 담장 앞에 선다. 적에게 물어뜯긴 자신의 팔에 손을 깊숙이 찔러 넣어 살점을 뜯어낸 무송, 자기 살점으로 붓을 대신하여 벽에 글을 쓴다. '무송이 살인하다!'

「복수 報仇 '70」는 더욱 단호하다. 영화가 시작되면, 적룡·깡따위가 콤비를 이뤄 적에게 복수할 거란 예상을 뒤엎고 적룡은 아내와 간통한 정부가 만든 함정에 빠져 배에 칼을 꽂고 죽어 넘어진다. (그의 죽음은 아마도 주인공이 등장하여 최고로 빨리 죽어 넘어지는 영화 중 한 편일 것이다.) 적룡의 단단하게 단련된 배 근육에 칼이 꽂히고 찢어지면서 그의 죽음의 시간은 왜곡되어 한없이 길게 보인다. 우리는 얼굴을 찡그리며 그가 죽는 순간의 고통을 함께 느껴야 한다. 그리고 한 술 더 떠 그가 배우로 출연하던 경극에서의 가짜 죽음 장면이 현재의 진짜 죽음 위로 겹치면서 그의 죽음에 대한 의미를 강요한다. 자, 영화가 시작한 지 10분도 안 되었는데 적룡이 죽었다. 그리고 그의 동생 깡따위가 나타난다. 깡따위는 말이 없다. 단검을 들고 형을 죽인 자들을 찾아가 칼을 배에 깊숙이 찔러 넣는다. 단검은 길이가 짧아 죽는 자의 입김을 코로 맡으며 죽여야 한다. 이 얼마나 복수하는 자에게 어울리는 잔인한 칼인가! 그리고 형 적룡과 똑같은 방식으로 그 역시 적들의 손에 죽어 넘어진다. 하드보일드! 반금련에게 배신당해 죽은 무대와 그를 복수하는 무송 이야기의 변주인가?

　「자마 刺馬 '73」를 보자, 산적 두목 적룡은 역시 산속에서 강도짓을 하는 진관태와 깡따위 형제를 만나 우리 함께 의기투합을 하자고 한다. 서로에게 매력을 느낀 적룡과 깡따위는 곧 의형제를 맺고, 그들은 산적 짓을 버리고 정부의 중요한 관직을 받아 풍요로운 생활을 누리게 된다. 그러나 평화도 잠시, 남편 진관태에게 전혀 애정을 못 받아 오던 진관태의 아내와 적룡은 눈이 마주친 순간 서로에게 반해 사랑을 한다. 적룡은 상승욕에 불타 더 높은 관직을 꿈꾸고, 자신의 불륜을 감추기 위해 성불능의 징후가 엿보이는 포악한 진관태를 살해한다. 자신의 출세와 여자를 위해 피를 나눈 의형제를 죽인 적룡에게 눈에 핏발이 선 복수자 깡따위가 나타난다. 깡따위의 단검 (여기서도 단검이다!)이 적룡의 배에 꽂히고, 적룡은 형제의 아내를 빼앗고 형제를 죽인 죄 때문인지, 깡따위가 꽂아 넣은 칼을 빼지 않고 고통스럽게 헐떡거리며 깡따위와 싸운다. 무려 10여 분간의 라스트 결투 장면을 우리들은 적룡의 배에 꽂힌 칼 때문에 고통스럽게 지켜봐야 한다. 그리고 마침내 깡까위는 적룡의 배에 꽂힌 단검을 비틀어 빼낸다. 어찌나 혹독하게 비틀어 빼는지 칼은 나사못처럼 꼬이면서 빠지고 적룡의 배에서 창자가 쏟아진다. 헐떡거리던 적룡의 숨이 멎는다. 주위는 조용하다. 이번에는 서문경과 무송이 서로에게 끌리면서도 어쩔 수 없이 무대의 복수를 하는 이야기로 만들어 봤나? 맞아, 그럴 수도 있어. 서문경 역시 매력적인 호걸이 아닌가? 그건 그렇다 치고 이런 죽음은 우리에게 무엇을 깨달으라고 강요하는 것인가? 참회인가? 창자가 갈기갈기 찢기는 고통을 감내하고 싸워서? 그래서 죄의 무게가 죽음으로써 정화된다는 것인가?

스물스물 눈이 감기기 시작한다. 「심야의 결투 金燕子 '68」를 보는 나는 졸기 시작한다. 옷소매가 치렁치렁 늘어진 하얀 옷의 검객 은붕(왕우)은 금연자라는 여인을 짝사랑하면서 프러포즈도 못하고 치사하게 다른 여자 품에 안겨 징징거린다. 뭐야 저거! 급기야 금연자를 짝사랑하는 애타는 마음을 벽시로 쓰고 그 벽시의 문자들은 버들잎이 하늘거리는 화면 위에 커다랗게 부풀어 올라 왕우를 압도하는 크기의 괴물 같은 배경이 된다. "서글프지만 칼을 차고 세상의 끝으로 걸어가네. 세상의 여러 곳을……" 난 본디 천성이 천박스러워서 아름답고 고귀한 취향이 넘치는 남녀 간의 절절한 사랑 대목 앞에서는 집중을 못한다. 꾸벅꾸벅 졸다가, 영화는 라스트에 이르렀고,

사랑하는 금연자 앞에서 왕우는 연적 로례를 향해 칼을 겨눈다. 몇 차례의 비무 끝에 압도적으로 승리를 하던 왕우는 로례 뒤에 나타난 악당을 보고 로례를 구하기 위해 몸을 날린다. 그러나 로례는 왕우가 자신을 죽이려는 줄 알고 방어를 위해 칼을 세운다. 결국 왕우는 연적 로례를 구하려다 도리어 자신의 배에 칼이 꽂힌다. 아, 싫다. 이런 결말은 정말이지 짜증난다. (그 멋있던 바이킹 커크 더글러스가 한눈에 봐도 유약한 토니 커티스와 여자 때문에 싸우다 칼에 찔려 죽는 「바이킹」의 결말 때문에 얼마나 토니 커티스를 증오했던가? 그 후로 나는 서른이 넘기 전까지 토니 커티스가 나오는 영화는 절대 안 봤다. 하지만 「심야의 결투」에서 로례는 상당히 멋있다. 사람을 죽이는 것을 싫어하는 무사인 그는 칼날이 없는 뭉툭한 쇠막대기 검을 무기로 사용한다.) 사랑하는 여인 앞에서 죽는 모습을 보이기 싫다며 금연자와 로례를 떠나보내고 왕우는 그를 짝사랑하는 기녀의 품에 안겨 죽음을 기다리는데, 악당의 부하들이 나타난다. 악당들은 배에 칼이 박혀 헐떡거리는 왕우를 포위하고, 사자가 죽기를 기다리는 하이에나처럼 그의 살점을 물어뜯기 시작한다. 악당들은 네 개의 채찍으로 왕우의 손과 발을 붙들어 매서 꼼짝 못하게 하고, 포박된 왕우를 덮쳐 그의 가슴에 네 개의 단검을 깊숙이 박아 넣는다. 그 순간 나도 모르게 탄성이 나오고 지금까지 쏟아지던 잠은 흔적도 없이 사라진다. 그리고 가슴에 네 자루의 단검을 꽂고 포박에서 빠져나오려 몸부림치는 왕우의 그 광기에 가득 찬 눈이 화면에 찰나로 스치는 그 순간. 금연자를 사랑하면서도 말 못하던 그 회한. 절대 무공의 솜씨로 수많은 인명을 도륙하고 비웃음을 흘렸던 그 오만함의 모습들이 광채를 내며, 일순간에 차원을 달리하는 후광이 되어 왕우의 주위에 펼쳐진다. 왕우의 눈에서 광기가 사라지고, 칼이 꽂힌 가슴의 헐떡거림이 잦아들면서, 왕우는 죽어 간다. 나는 영화의 앞부분을 졸음으로 보냈던 날 참회하고 이 엄청난 파워의 영화 앞에 무릎을 꿇는다.

「십삼인의 무사 十三太保 '70」를 보자. 열세 명의 아들들이 있다. 영주인 아버지는 아들들을 자랑하고, 아들들은 너무나 오만해서 중앙에서 보낸 관리를 능멸한다. 그러한 오만함은 형제들 간에 묘한 적대감을 만들고 이것을 포착한 적은 함정을 판다. 그들의 뛰어남이 그들을 파멸로 이끌리라. 적룡은 아버지를 모시고 적진에 가서 자신의 술 실력을 자랑하다 고주망태가 되어 곯아떨어진다. 이 실책으로 그는 아버지와 자신을 죽이려는 대규모의 적들에게 포위되는 덫에 빠진다. 밀려오는 적들에게 상처입고 죽어 가던 적룡은 아버지를 지키기 위해 다리를 가로막고 서서, 숨이 끊겨져도 절대 쓰러지지 않으려 발등에 창을 꽂고 창끝을 턱에 괴어 적들을 가로막아 선다(부천영화제에서 다시 본 적룡의 최후는 이렇지 않았다. 그냥 서서 죽었을 뿐이다. 어린 시절 보았던 영화에 관한 나의 기억은 과장되고 왜곡되어 머리에 담겨 있었다). 꼼짝 않고 다리 한 가운데를 막고 선 적룡에게 기적이 느껴지지 않자, 적들이 창으로 적룡을 찔러 본다. 꼼짝 안 한다. 다시 세게 밀치자, 힘없이 쓰러지는 적룡. 이미 그는 죽어 있었다. 가장 능력이 있어 아버지의 총애를 받던 깡따위. 그의 잘난 척 때문에 형제들은 그를 질투하고 모함하여 능지처참으로 몰아넣는다. 천막 안, 사지가 따로 따로 묶인 채 누워 있는 깡따위. 천막 밖, 말 다섯 마리의 꼬리에는 깡따위의 손발과 목을 묶은 줄이 연결되어 있다. 카메라가 멀리서 천막 밖을 보여주자, 엉덩이를 걷어차여 놀란 말들은 사방으로 뛰고, 황토 위에 깡따위의 피가 다섯 갈래로 시뻘건 줄을 만든다.

이쯤에서 레드제플린(Led Zeppelin)의 「Achilles Last Stand」가 나오면 어떨까? 이렇게 노골적으로 주인공들이 죽는 순간을 과장하여 매번 영화에 써먹는 감독이 따로 있을까?

그의 공력이 사라지던 80년대 작품 중 「철기문」에서는 더욱 뻔뻔스럽다. 승승장구 최고의 문파가 된 철기문이라는 무예 집단의 멸망사를 다룬 것인데, 그들의 오만방자에 대한 대가는 여러 개의 창으로 배를 관통당하는 죽음이다. 이건 비무에 의한 죽음이라기보다는 무사 30여 명의 사형 집행 중계다. 단단하게 근육으로 뭉쳐진 육체들이 20여 분 동안 계속 창으로 관통당한다. 생각해 보라. 20여 분간 창이 배를 꿰뚫는 소리와 그림을 보고 있어야 하는 것을.

장철 영화에서 잘난 놈들은 자기들의 아킬레스건을 갖고 있고, 모두들 예외 없이 그곳이 찔려 피를 쏟고 죽어 자빠진다. 왜 저렇게 아름다운 남성의 육체들은 예외 없이 칼로 난자당하고 날카롭게 벼린 창끝에 꿰이고 마는 걸까? 죽음으로부터 도망치려고 애를 쓰는 주인공들은 자신이 만든 운명 때문에 모두 죽어버린다. 그런데 장철은 그 순간에 항상 예외 없이 그들의 죄의식을 불러오고 의미를 강요한다. 「복수」의 과잉스런 죽음의 순간은 말할 것도 없고, 「방세옥과 홍희관」에서는 사람들이 칼에 맞아 죽는 장면에서 갑자기 화면이 붉게 물들어버린다. 얼마 전 장철이 죽은 후 만든 다큐멘터리를 보았는데, 세상에! 장철 영화의 명장면을 이야기하는데 모든 장면이 죽어 넘어지는 사내들의 행진이다. 이런 경우가 다시 있을까? 죽음의 순간에 대한 과잉 표현에 집착하는 이유는 무엇일까? 영화에 관객이 더 몰리도록 하기 위한 잔혹한 취미인가? 아니면 수호지에서 흑선풍 이규가 저지르는 살인의 만행을 보면서 드는 선과 악의 경계가 무너지는 그런 쾌감을 불러일으키려는 것일까?

적룡과 깡따위가 같이 콤비를 이뤄 출연한 영화는 70년부터 73년까지 거의 10여 편에 이른다. 세상에 어떤 감독이 두 명의 콤비 주연 배우를 내세워 이렇게 많은 영화를 찍은 경우가 있을까? 카리스마가 넘치지만 쉽게 화내고 자신의 뛰어난 점을 너무 쉽게 드러내, 적이 많은 한 남자가 있다. 그리고 그 반대편에 악동 기질이 다분하고 장난기 있는 학삐리 같은 한 남자가 있다. 두 남자는 서로에게 끌리고 그들은 서로 상대를 죽이든지(「자마」) 아니면 헤어진 배다른 형제임을 확인하고 기뻐하든지(「권격」 「흑객」), 둘 다 다른 자들에게 죽임을 당하든지(「십삽인의 무사」 「복수」) 아니면 둘이 힘을 합쳐 악당들을 쳐부수든지(「무명영웅」). 하여튼 주로 그들의 관계가 발전하는 것에 초점을 맞추는 영화들로 일관해 왔다는 것이다. 이건 남자들의 멜로드라마 아닌가?

관금붕이 장철에게 왜 그렇게 남성들 간의 관계에 대해 집착을 했냐고 물어본다. 장철은 "수호지나 삼국지의 주인공 같은 영웅호걸들을 보며 동성애를 떠올리는 사람은 없다. 난 수호지와 삼국지의 영웅들을 현대의 시선으로 본 것일 뿐"이라며 둘러댄다. 하지만 그가 만든 수호전과 그 속편격인 탕구지에서 여장남자가 어울리는 미남 연청과 살인마 흑선풍 이규를 콤비 주인공으로 만들어낸 것은 어떻게 설명하려나?

오만한 남자들이 자신들의 육체를 드러내며 또 다른 남자들을 만나 서로 싸우면서 관계를 만들어 간다. 그리고 그들은 예외 없이 자신들의 결점 또는 잘난 점 때문에 복부에 구멍이 나서 피를 흘리며 죽어 간다. 그리고 죽어가는 주인공들은 압도적인 에너지를 발산하여 구원과 정화까지도 불러온다. 불균질하지만 주인공들의 죽음의 순간 마그마처럼 끓어오르는 에너지를 폭발시키는 것! 그것이 장철의 세계다.

내가 이소룡을 좋아하면서도 싫어하는 이유

70년대에 어린 시절을 보낸 사람들치고, 이소룡의 괴조음을 흉내 안 내 본 아이가 과연 몇이나 있을까? 모두들 이소룡 영화에 열광하던 시절. 나 역시 이소룡의 열렬한 팬이었지만, 사실 난 이소룡보다는 왕우를 더 좋아했다. 이소룡의 영화를 마르고 닳도록 보면서도 마음에 안 드는 불만 중의 불만이 '왜 이소룡은 저렇게 잘났을까?'하는 것이었다. 이소룡은 대개 시골에서 올라온 순진하고 어리숙한 촌뜨기이지만 무서운 실력을 감추고 있는 그런 주인공이었고, 그가 가지고 있는 모습 속에는 우등생이 가지고 있는 일종의 교만함이 읽혀졌다. 그가 싸우는 모든 장면을 보면, 반에서 일등을 하는 녀석이 꼴등을 하는 녀석들에게 대하는 자만이 숨겨져 있다. 그것도 패면서! 그가 유일하게 10등 내로 대하는 자가 「맹룡과강」에서 대결한 척 노리스인데 그에게마저도 "넌 나한테는 아직 안돼, 더 공부하고 와"하는 모습이 꿈틀거린다. 그가 좋아한 모티프는 「셰인」류였던 것 같다. 저 멀리 어느 시골에서 뭔가 과거가 있는 어리숙한 한 남자가 문제가 있는 곳으로 찾아와 처음에는 구성원들과 갈등을 일으키다, 그는 무서운 실력으로 문제를 해결하고 그리고 표표히 떠나간다. 할리우드의 입김이 많이 들어간 007식 액션 「용쟁호투」를 제외한 그의 영화들은 모두 똑같은 내용의 변주일 뿐이다. 그의 다큐멘터리라든가 사진들 그리고 뒷이야기를 보면 자신감에 넘치는 영웅 도취증 환자가 아닌가 하는 냄새가 느껴진다. 그에 비해서 왕우의 영화들에는 일종의 어두운 매력 같은 것이 숨어 있었는데. 왕우가 주인공으로 나오는 캐릭터에는 모범생 주인공들이 가지고 있지 않은 자기 파멸의 함정과 꼴등짜리들이 일등에게 덤비는 모습을 간직하고 있었다. 이소룡이 출연하기로 했다가 시나리오 수정이 맘대로 안 되자, 거절을 하고 그 자리를 왕우가 차지해 서로 앙숙관계가 되어버린 「냉혈호」를 보면 왕우와 이소룡의 차이가 극명하게 드러난다. 만약 이소룡이 출연했다면 또 「당산대형」의 일본판이 되었을 영화인데, 왕우는 악당의 칼을 자신의 손으로 잡고 늘어져, 손바닥이 걸레처럼 너덜너덜해지고 온몸에 도끼를 맞아 하얀 옷이 새빨간 옷으로 변하는 격전을 치르고 나서야 영화를 끝낸다. 만약 이소룡이었다면 그 자신은 하얀 옷에 약간의 피 얼룩으로 그쳤을 것이다.

그래도 이소룡이 권격 액션영화에서 하나의 세계를 연 것만은 분명하다. 마카로니 웨스턴의 결투 신에서 한 단계 업그레이드시킨 그의 액션 신들은 지금 봐도 찬사가 절로 나온다. 「사망유희」의 데모 필름을 보자. 데니 이스산토스와 대면한 이소룡은 먼저 회초리를 바닥에 두드린다. 이에 이스산토스가 쌍절곤을 두드려 싸움 전 서로의 혈액형을 확인한다. 구질구질한 대사가 아니라 자신들의 무기로 상대방과 대화를 나눈다. 「맹룡과강」의 명 액션 시퀀스인 콜로세움으로 넘어가자, 결투 전 서로의 몸 풀기에서 둘은 서로 다른 자신들의 정체성을 드러낸다. 척 노리스가 정권지르기로 몸을 푸는데, 이소룡은 스트레칭을 한다. 척 노리스는 킬러이고 이소룡은 무술가라는 말을 축약해서 표현한다. 자만심이 놀랍지 않은가? 거의 모든 영화들에서 나타나지만 자신 앞에 쓰러진 상대방을 바라보는 이소룡의 눈빛을 기억하는가? "넌 나한테 안 돼"하는 자신감 밑에 "그래, 나도 너의 고통을 알아, 부러진 육체와 패배의 굴욕감, 너의 고통이 나에게 느껴져"가 절절히 깔려 있다. 그래서 그는 척 노리스와 데니 이스산토스 그리고 압둘 자바에게 다가가 그들의 목을 부러뜨려 경의를 표한다. 모든 걸 떠나, 그는 액션 신에 드라마를 만들고 정서까지 담을 줄 아는 그 시대의 가장 뛰어난 연출자였다. 그가 아직도 살아 있었다면 분명 80년대 초반 할리우드에서 오우삼처럼 영화를 찍었을 것이 확실하다. 그것이 다행일지 불행일지 하늘만이 알겠지만.

적룡, 아킬레스의 뒤꿈치

86년, 성룡의 코미디 쿵푸영화에도 적응하지 못하고, 그렇다고 '미스터 부' 시리즈를 사랑하기도 좀 그렇고 할 때, 나의 눈을 뒤흔든 극장 앞의 광고를 보았으니 그것이 바로 「영웅본색」이었다. 난생 처음 보는 배우인 주윤발과 장국영 옆에, 아! 추룡이 있었다. 10여 년의 세월 동안 어디서 뭘 하고 지냈는지 코빼기도 안 비치다가, 머리털이 빠져 대머리가 되어 나타난 추룡. 70년대 초 깡따위와 콤비를 이뤄 피비린내 나는 영화로 이소룡 영화의 뒤편을 풍미했었던 그 추룡이(적룡이라고 읽지만 70년대에는 추룡이라는 이름으로 잘못 읽혀졌다) 다시 돌아온 것이었다. 하지만 70년대의 적룡은 가고 이제 그는 참기 잘하는 비련의 만형으로 변해 버렸다. 그 후 그가 맡은 역들은 대개 「취권2」처럼 엄격하지만 호걸인 아버지나 맏형의 역할이었는데, 그 옛날 은빛 승냥이 같은 캐릭터가 새삼스레 그리워지기도 하지만 어떻게 하랴, 세월은 막을 수가 없는 걸. 내가 적룡에게 반했던 것은 그의 캐릭터 때문이었다. 상당히 뻔뻔스럽기도 하고, 나르시시즘적인가 하면, 악마적인 느낌이 있었는데, 말하자면 일리아드의 아킬레스 같은 면모가 그에겐 있었다. 빈번하게 육체를 드러내고 과시하는 배우로서는 이소룡 이전에는 그뿐이었다. 하지만 이소룡의 그것과는 다르게, 강철같이 다져진 그의 육체는 그것이 너무나 강하고 아름다워 그것을 과신하는 오만 때문에 너무나 쉽게 배가 터져 내장이 흘러나오는 파멸을 위한 아름다움이었다. 너무나 뛰어난 자신의 무술을 과신하여 형제들을 멸시하고 호방한 술 실력을 적진에서 과시하다 그만 술에 취해 함정에 빠져, 발등에 창날을 꽂고 턱에 창끝을 괴어 적들로부터 아버지를 지키며 죽어 간다든가(「13인의 무사」), 피를 나눈 의형제 진관태의 아내를 사랑하여 진관태를 죽이고, 자신의 성공을 지키려 하지만, 복수를 위해 나타난 막내 동생 깡따위의 단검을 배에 꽂고 고통스럽게 헐떡거리며 싸우다가 유다처럼 내장을 쏟으며 죽어 간다든가(「자마」), 적에게 물어뜯긴 자신의 팔뚝에서 살점을 뜯어내어 벽에다 '무송이 살인하다'라고 쓴다든가(「수호지 무송전」), 물론 장철 감독으로 인해 만들어졌지만 영화마다 드러났던 그의 죽음은 자신의 강함과 아름다운 육체가 덫이 되어 종내는 잔인하게 찢어발겨져 피를 쏟고, 내장을 흩뜨리는 훼손의 표정이 너무나 강했다.「영웅본색」과 비슷한 시기에 만들어진「인민영웅」이 그런 아킬레스적인 캐릭터로서의 스완송이지 싶은데, 은행 강도로 돌변한 그의 분노는 결국 목에서 분수처럼 피를 쏟으며 죽어가는 유사 자살에까지 이른다. 적룡의 맏형 같은 캐릭터에 반했던 여자친구가「대호출격」을 보면서 적룡의 이해할 수 없는 폭력과 자기 파멸을 보면서 비명을 지르며 "저 사람 왜 저래"하며 싫어했지만 난 그때 속으로 원래 적룡의 매력이 저거야 했었다.「권격」을 촬영하다가 태국 킥복싱에 반해 무술 스타일을 킥복싱으로 바꾸고, '가면 라이더'에 심취해 '가면 라이더'처럼 엎드려 오토바이를 타고 다니고, 서양 군대 앞에서 몰사하는 무사들을 그린「신해쌍십」의 제작으로 쫄딱 망한 그의 뒷이야기는 그래서 더욱 매력적이라는 생각이 든다.

(이 책에 담긴 글들은 2001년 영화 잡지 『네가』에서 '한국 액션영화'라는 제목으로 3회를 연재하다 잡지의 폐간으로 중단되었던 글을 다시 영화 잡지 월간 『키노』에 2002년부터 연재하여 완성을 보게 된 글이다. 이 책에 원고를 수정·보완하여 실을 수 있도록 허락해 준 키노의 이연호 편집장과 담당 기자였던 장훈, 주성철 기자 그리고 이 글을 읽고 힘을 보내준 황덕호 씨에게 고마움을 전한다.)

한국 액션영화

초판발행 2003년 11월 15일 | 2쇄발행 2008년 8월 25일
지은이 오승욱
펴낸이 심만수 | 펴낸곳 (주)살림출판사
출판등록 1989년 11월 1일 제9-210호

주소 413-756 경기도 파주시 교하읍 문발리 파주출판도시 522-2
전화번호 영업·(031)955-1350   기획편집·(031)955-1357
팩스 (031)955-1355
이메일 book@sallimbooks.com
홈페이지 http://www.sallimbooks.com

ISBN 89-522-0152-3 04080
      89-522-0096-9 04080 (세트)

값 9,800원